부동산,
이슈에서 벗어나기

부동산,
이슈에서 벗어나기

날마다 휘청이는 부동산개발
흔들리지 않을 방법은 없을까?

신철 지음

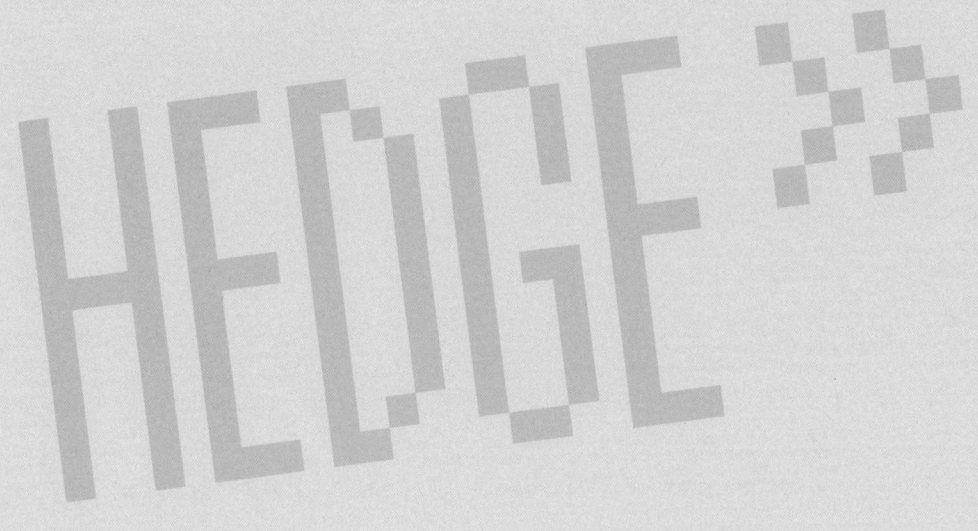

한국문화사

프롤로그

2021년 8월, "이재명 후보님, 주 화천 대유자산관리는 누구 것입니까?"라는 제목의 기사가 올라왔다. 성남 대장동 개발에 대한 의혹을 제기하는 내용이었다. 이 사건이 사회·정치적으로 반향을 일으키며 큰 이슈가 되자 국회는 반 년도 되지 않아 도시개발법 개정안을 의결하였다.

그 당시 나는 지방공기업 도시개발부 간부로 '○○ ○○ 복합단지 도시개발 사업'이라는 민·관 공동 PFV(project financing vehicle), 법인세법에 따른 특수목적법인, 프로젝트금융투자회사 도시개발사업을 추진하고 있었고, 기초지방자치단체에 도시개발구역 지정요청을 한 상태였다.

하지만 대장동 사건으로 개정된 법률 내용으로 해당 사업이 도시개발구역지정에서 제외되었다. 민간 참여자 선정을 위해 공모, 우선협상대상자 선정, 협약 체결, 법인 설립 등 3년 동안 추진된 절차가 한순간에 물거품으로 변해 약 86억 원 이상 투입된 비용이 매몰될 상황이 벌어졌다.

개정 법률(시행령)에는 민·관 공동 개발사업의 경우 6개월 이내에 도시개발사업 구역 지정 고시를 하지 않는다면 민간사업자 모집 절차를 재이행해야 한다는 법(시행령) 조항이 추가되었기 때문이다.

6개월 이내에 도시개발구역 지정을 받으면 될 것이라 생각할 수 있다. 그러나 기초지방자치단체는 지정권자가 '도지사'로 기초지방자치단체의 도시계획 자문, 국토교통부의 중앙토지수용위원회 심의를 거쳐 도청의 도시계획심의를 받아야 한다. 각 심의 기간은 아무리 짧아도 2개월 이상으로, 결국 6개월 내 도시개발구역 지정은 거의 불가능한 상황이었다.

추진하던 사업이 수포로 돌아가지 않게 하기 위해 도시개발법 개정안이 공포되기 전까지 지속적으로 민원을 제기한 결과 수정 입법이 2023년 7월 도시개발법 개정안으로 공포되어 본 사업을 정상적으로 추진할 수 있었다.

하지만 이처럼 부동산 이슈로 인하여 제·개정 된 법률이 수정되어 공포된 사례는 드물다.

대장동 사건이 당시 추진하던 도시개발사업에 영향을 미칠 것이라는 생각을 가져본 적은 없었다. 하지만 도시개발법이 개정되고 본 사업이 좌초될 위기까지 겪으면서 부동산 이슈가 크면 관련 법까지 제정되고 이는 부동산개발업자에게 큰 리스크가 될 수도 있다는 생각을 가지게 되었다.

부동산 이슈가 생기고 그 이슈가 크면 클수록 법률로 제·개정될 확률이 높아진다. 부동산개발에 있어서 법을 인허가 과정에서의 검토 사항으로 보는 동시에 천재지변과 같은, 어쩔 수 없는 외부효과로 여기고 있다. 예상치 못한 방향으로 제·개정된 법은 부동산개발사업추진 자체를 불가능하게 만들기도 한다.

그렇다면 부동산 이슈로 인한 법의 제·개정 사항을 미리 파악하고 리스크 헤지(risk hedge)하여 피해를 최소화할 방법은 없을까?

부동산 이슈가 크면 사건, 사고 직후 경쟁적으로 발의되는 법안인 레커 법[1] 현상이 일어난다.

2021년 3월 LH 사태 당시 여야가 투기 근절 법안 40여 건을 발의했다. 입법부가 사회·부동산 이슈에 빠르게 대응하는 것을 어찌할 수는 없다. 그러나 대장동 사건에 따른 도시개발법 개정이 수정 입법(재개정)된 것처럼 법안이 경쟁적으로 급하게 발의되니 부실하게 만들어지거나 기존 법들과 내용이 중복될 가능성이 크다는 문제점이 있다.

---

[1] 교통사고가 발생하면 레커(wrecker 견인차)가 사고 차를 견인하는 것처럼 대중의 관심이 많은 이슈에 법안 발의가 쏠리는 현상을 일컫는 조어

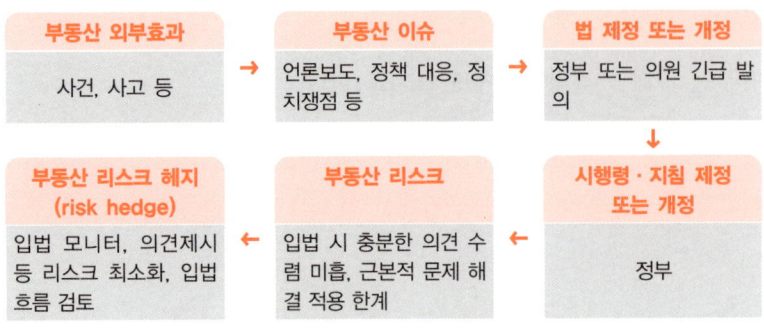

〈 부동산 이슈에 따른 리스크 해지 〉

부동산개발사업은 일반적으로 개발기획, 사업타당성조사, 규모 설계, 재원 조달, 분양, 착공, 준공, 정산 등의 여러 절차를 따르며 각 절차에 오랜 시간이 소요된다.

이러한 절차를 거치며 부동산 이슈에 따른 입법의 흐름을 검토해 보면 부동산정책의 방향과 부동산 시장 상황을 유추해 볼 수 있다. 따라서 부동산개발사업 추진 시 입법사항이 초기 법률검토만이 아닌 사업 전반에 대해서 모니터링하는 것이 중요하다.

이 책에서는 부동산 법률이 제·개정된 굵직한 사건들을 되돌아보며 어떻게 모니터링할지 알아보고자 한다. 1장과 2장은 부동산개발 이슈에 따라 규제가 강화되거나 완화된 법률 제·개정 흐름(대부분 강화)을 분석하였다. 3장에서는 부동산개발금융 이슈에 따라 전통적인 재원조달 방식의 한계를 극복하는 방향으로 법률이 제·개정되는 흐름을 분석하였다. 4장에서는 부동산 관리 이슈에 따라 공급자 중심에서 수요자 중심으로 법률이 제·개정되는 흐름을 분석하였다. 5장에서는 부동산 이슈에 따라 법률이 제·개정되는 메커니즘을 검토하여 부정적 외부효과를 수반하는 이슈에 대해 리스크를 헤지하는 방향성을 제시하였다.

  그리고 이 책을 집필하는 데 도움을 주신 이현근, 조명호, 김영균, 정재영 박사님께 감사드린다. 항상 나를 응원해 주시는 부모님과 가족, 아내 최미정과 딸 서연, 아들 승헌 그리고 강정규 교수님, 박대희 님, 강연경 님, 한국문화사 진나경 님을 비롯한 출판관계자 여러분에게도 깊은 감사의 말씀을 전한다.

2024년 4월 신철

일러두기

부동산 개발에 관련된 주요 약어를 다음과 같이 밝힌다.

1. **PF**: project financing, 프로젝트 파이낸싱. 금융회사가 특정 사업의 사업성과 장래 현금흐름을 보고 자금을 지원하는 금융기법

2. **PFV**: project financing vehicle, 법인세법에 따른 특수목적법인. 부동산 개발 사업을 효율적으로 추진하기 위해 설립하는 서류 형태로 존재하는 명목 회사. 운용 및 처분을 AMC에 위탁함.

3. **AMC**: Asset Management Company, 자산관리회사 및 업무위탁사. 법인세법에 따른 프로젝트금융투자회사. 부동산투자회사로부터 기업의 채권이나 부실자산의 관리 위탁을 받아 자산의 투자·운용업무를 수행하는 것을 목적으로 설립된 회사.

4. **SPC**: Special Perforce Company, 특수목적법인. 상법상 금융회사의 부실채권을 매각하기 위해 일시적으로 세워진 자산유동화전문회사. 부동산개발과 같은 특수한 사업 목적을 달성하기 위해 일시적으로 설립한 회사를 일컫기도 함.

5. **FI**: Financial Investors, 재무적 투자자. 경영에 참여하지 않고 배당금과 원리금 형태의 수익만을 목적으로 자금을 지원하는 투자자.

6. **SI**: Strategic Investors, 전략적 투자자. 기업의 대형 개발·건설 사업으로 대규모의 자금이 필요할 때 경영권 확보 목적을 가지고 자금을 지원하는 투자자.

7. **CI**: Construction Investors, 건설적 투자자. 건설시공을 통해 이익을 얻는 투자자로 보통 시공권 획득을 전제로 컨소시엄에 투자자로 참여하는 건설사.

8. **FSB**: Financial Stability Boar, 금융안정위원회. 금융안정위원회는 2009년 4월 설립된 글로벌 금융규제 협의체로 G20의 요청에 따라 글로벌 금융시스템의 안정성을 제고하기 위한 금융규제 국제기준 및 권고안을 개발하는 역할을 담당하고 있음. 24개 회원국 및 EU 중앙은행, 국제(BCBS, IOSCO, IAIS, IMF, WB 등)가 회원기관으로 참여하고 있으며, 한국의 경우 금융위원회와 한국은행이 참여하고 있음.

9. **BCBS**: Basel Committee on Banking Supervision, 바젤위원회

10. **G-SIFI**: Global Systemically Important Financial Institutions, 글로벌 시스템적 중요 금융기관

11. **D-SIB**: Domestic Systemically Important Banks, 국내 시스템적 중요은행

12. **RRP**: Recovery and Resolution Plan, 정상화 · 정리계획

차례

프롤로그 · 5
일러두기 · 10

1부 부동산 이슈가 가져온 나비효과 (1)

부동산 개발 이슈

1. 대장동 사건은 어떤 결과를 낳았나 · 18
    1.1 대장동: 민간 특혜 논란을 초래한 공동 도시개발 · 18
    1.2 공공시행자의 민간 공동출자 법인 설립 · 31
        * 2021.12. 도시개발법 개정, 2023.7. 도시개발법 개정

2. 외면당하는 부동산개발업 육성, 쌓여가는 법적 규제 · 52
    2.1 미등록 부동산개발사업과 소비자 피해 · 52
    2.2 부동산개발업 등록유지와 의무 연수 교육 · 58
        * 2007.5. 부동산개발업의 관리 및 육성에 관한 법률 제정
        * 2021.8. 부동산개발업의 관리 및 육성에 관한 법률 개정

3. 부동산시장 활성화를 위한 보금자리지구 해제, 과연 효과는 어땠을까 · 70
    3.1 부동산 시장 악화로 인한 광명·시흥 보금자리 지구 해제 · 70
    3.2 보금자리지구 해제의 발목을 잡은 특별관리지역 지정 · 73
        * 2015.1. 공공주택건설 등에 관한 특별법 개정

2부 부동산 이슈가 가져온 나비효과 (2)

사업시행자 이슈

1. 기부대양여사업, 과연 어떤 기업이 나설 수 있을까 · 80
   1.1 광주군 공항 이전과 대구경북통합신공항 건설사업으로 보는 기부대양여사업의 진실 · 80
   1.2 기부대양여사업에 쉬이 나서지 못하는 기업들 · 88
      * 2017.4. 국유재산 기부대양여 사업관리 지침 시행
      * 2023.4. 광주 군 공항 이전 및 종전 부지개발 등에 관한 특별법 제정
      * 2023.4. 대구경북통합신공항 건설을 위한 특별법 제정

2. 공공시행자의 도덕적 위험 · 94
   2.1 LH 사태, 3기 신도시 집단적 부동산 투기 · 94
   2.2 부동산개발 시행사에 대한 규제와 도시개발사업의 장애물 · 98
      * 2021.4. 공직자의 이해충돌 방지법 제정
      * 2021.4. 한국토지주택공사법 개정
      * 2021.4. 도시개발법 개정
      * 2021.9. 공직자윤리법 시행령 개정

3부 전통적 부동산 재원 조달의 한계

부동산 금융 이슈

1. 부동산 PF 부실화 · 108
   1.1 미국 투자 은행 파산이 빚어낸 글로벌 금융위기 · 108
   1.2 사실 한국에는 대형금융회사의 부실 발생 대응법이 없다 · 112
      * 2020.12. 금융 산업의 구조개선에 관한 법률 개정
   1.3 저축은행 의 부실 대출과 흔들리는 서민금융 · 118

1.4 부실여신 취급억제를 위한 심사 기능 및 예금자 보호 강화 · 123
  *2012.7. 상호저축은행법 개정
1.5 강원도 레고랜드 부도 선언과 부동산 시장의 위축 · 127
1.6 지방재정 투자심사 요건 강화만이 답일까 · 132
  * 2023.9. 지방재정법 시행령 개정안

2. REITS의 등장 · 135
  2.1 리츠, 부동산개발사업 재원 조달의 새로운 길 · 135
  2.2 리츠 활성화가 가져온 부동산개발 시장의 활기 · 141
    * 2007.7.부동산투자회사법 개정, 2023.7. 부동산투자회사법 개정

4부 부동산, 공급자에서 수요자중심으로

부동산 관리 이슈

1. 부동산개발 관리 강화 (1) 건물 시공 전후 · 150
  1.1 이천 물류센터의 공사 현장 발생 화재와 가연성 구조로 인한 대규모 인명 피해 · 150
  1.2 준공 이후 리스크 관리 확대의 필요성 · 156
    * 2021.1. 중대재해 처벌 등에 관한 법률 제정

2. 부동산개발 관리 강화 (2)부동산 운영 · 159
  2.1 대규모 전세 사기 발생 · 159
  2.2 임차인 중심 리스크 관리 강화 · 163
    * 2023.6. 전세 사기 피해자 지원 및 주거 안정에 관한 특별법 제정

3. 부동산개발 관리 강화 (3)수요자 중심 임대주택 공급 · 167
  3.1 도심 임대주택 공급 활성화를 위한 행복주택 공급 선언, 실상은? · 167

3.2 저소득 대상 임대주택 공급 탈피와 주거 안정 목적 행복주택 · 175
  * 2014.1. 공공주택건설 등에 관한 특별법 개정
3.3 '통합 공공임대주택'으로 읽는 수요자 중심 설계 · 178
3.4 인플레이션과 달라지지 않는 정부 지원비, 임대보증금 · 183
  * 2020.9. 공공주택 특별법 시행령 개정

5부 부동산 리스크 헤지, 방법이 있을까?

부동산관련법 제·개정에 따른 부동산 이슈에서 벗어나기

1. 부동산 이슈에 난립하는 레카법, 이대로 괜찮은가? · 192
   1.1 법률 제·개정 메커니즘 · 192
   1.2 부동산 이슈가 크면 클수록 부동산 리스크도 크다 · 197
   1.3 법률 제·개정(일반법)과 특별법 제정의 차이는? · 201

2. 부동산 이슈와 법률 제·개정은 동상이몽 · 205
   2.1 민간 주도 목적 도시개발법의 민간 참여 제한 · 205
   2.2 부동산개발업자는 관리강화, 부동산개발 리츠는 활성화 · 210
   2.3 수요자 중심 임대주택공급은 공공시행자의 역할 · 216

3. 부동산, 이슈에서 벗어나기 · 225
   3.1 부동산개발 전반에 관련 입법 모니터 · 225
   3.2 관련 입법을 통한 부동산 흐름 파악 · 227
   3.3 부동산개발법 규제 제·개정 예측, 어떻게 할 수 있을까? · 230

에필로그 · 233
참고문헌 · 236

1부

부동산 이슈가 가져온 나비효과 (1)

....

부동산 개발 이슈

1 대장동 사건은 어떤 결과를 낳았나

1.1 대장동: 민간 특혜 논란을 초래한 공동 도시개발

2021년 9월 '○○도'를 통해서 당시 야당 국회의원의 '대장동 게이트 등 국정감사 요구자료' 국정감사 요청자료 문서가 접수되었다. 대장동 사건의 해당 지역인 성남시를 포함한 수도권 11개 지자체 산하 공기업의 도시개발사업 추진 현황을 제출하라는 내용이었다. 재직 중인 회사에서도 민·관공동 도시개발사업 자료를 급하게 작성 제출해야 했다.

특히 대장동 사건이 발생한 지역 지자체에는 민간사업자 공모공고에 따른 공모지침서 전문, 참여 컨소시엄 현황, 결합 도시개발사업

관련 실시계획 인가서, 민·관 공동법인 출자자 지분 현황, 공기업과 민간사업자 간 협약서, 민간사업자 선정 과정 중 우선협상대상자 선정 결과, AMC(Asset Management Company) 설립 후 비용 집행 내용 등 국정감사 요구자료가 광범위하고 구체적이었다.

> **[2021 송년 기획-올해 10대 뉴스]**
> **대장동 개발 의혹 일파만파, 해 넘기는 '대장동 의혹' 수사**
>
> 올해 가장 뜨거웠던 정치권의 이슈는 단연 '대장동 개발사업 특혜 의혹'이다. 여당의 유력 대선 후보로 거론된 ○○○ 민주당 ○○○ 후보가 당내 경선 막바지에 자신과 연관된 대장동 의혹이 불거지며 대선에서의 최대 변수 중 하나가 됐다.
>
> 논란의 중심은 이 후보가 ○○시장 재직 당시 진행된 대장동 개발사업과 관련해 민간이 지분을 독점한 ○○자산관리라는 회사에 막대한 개발이익을 안겼다는 점이었다.
>
> 야권은 특혜 의혹을 거론하며 공세에 나섰고 여권은 당시 성남시가 5,000억 원이 넘는 공공이익을 환수했다며 맞섰다. 이후 ○○의 힘 ○○○ 전 의원의 아들을 비롯한 야권, 법조계 인사들이 ○○대유로부터 50억 원을 받았다는 일명 '50억 클럽' 의혹까지 터져 나오며 사건은 일파만파 확산했다.
>
> 하지만 지난 9월 말부터 진행된 검찰의 대장동 개발사업 특혜 의혹 수사는 결국 해를 넘기게 됐다.…
>
> 브릿지경제, 2021.12.31.

대장동 사건의 핵심이 무엇이기에 당시 정치권 이슈에서 부동산 이슈인 도시개발사업으로까지 확대된 것일까?

대장동 도시개발사업은 성남시 분당구 210번지 일원에 소재한 부지로서 사업 면적은 약 917,068㎡이고, 도시개발사업 수용·사용 방식으로 민·관 공동 개발사업으로 추진되었다.

주요 사업추진 경위를 살펴보면 2014년 5월 결합 도시개발구역으로 지정 고시된 후 2015년 민간사업자 공모공고, 우선협상대상자 선정(성남의 뜰), 사업협약 체결 이후 2015년 7월 PFV를 설립하였다. 이후 사업시행자 지정 고시, 보상을 거쳐 2017년 6월 부지조성 공사를 시작하였다.

도시개발사업의 사업시행자는 국가, 지자체, 공공기관, 지방공기업 등 공공시행자 또는 민·관 공동법인이 될 수 있다.

대장동 도시개발사업은 민·관 공동법인을 설립하여 사업시행자로 지정받고 추진한 사업이다. 법인의 형태는 법인세법에 따른 PFV로써 참여 지분은 지방공사 50.1%, 민간 참여자 49.9%의 구조다. 민간 참여자 중에는 문제가 된 출자자인 ○○대유자산관리가 약 1%의 지분을 가지고 있었다.

그렇다면 민간 참여자를 선정하는 방법은 어떻게 될까? 2021년 12월 대장동 사건으로 도시개발법이 개정되기 이전에는 민간 참여자를 모집하는 방법은 어디에도 명시되어 있지 않았다. 따라서, '사회기반시설에 대한 민간투자법(이하 민간투자법)'에서의 민간 투자사업 기본계획 수립 절차를 준용하였다.

그 과정은 다음과 같다. 우선 공공시행자는 민간 참여자 모집을 위한 공모지침서를 작성하고 일간신문이나 회사 홈페이지를 통해 약 4개월간 공모공고를 한다. 공모공고 기간에 민간 참여자는 건설사, 금융사, 전략적 투자자 등과 컨소시엄을 구성하고 사업신청서 등을 작성한다.

다음으로 사업신청서를 접수하고 우선협상대상자 선정을 위한 심의위원회를 개최한다. 최고점수를 받은 자를 우선협상대상자로 선정한 후 약 3개월간 사업협약서 작성을 위해 협상한다. 협상이 마무리되면 사업협약을 체결함으로써 민간 참여자는 민간사업자가 된다.

이후 공공시행자와 민간사업자는 주주협약서, AMC 위탁관리 계약서(PFV 기준) 등을 작성하고 법인을 설립 후 AMC를 설립하여 도시개발사업 인허가 절차 등을 이행한다. 이러한 절차를 도식화 하면 다음과 같다.

〈 민·관 공동 도시개발사업의 절차 〉

민·관 공동 도시개발사업을 추진하는 공공시행자는 공모지침서 내용에 사업신청자의 자격요건, 사업 참여 조건 등을 별도로 제시한다. PFV 설립을 목적으로 하는 것이라면 법인세법에 따라 금융사가 전체지분의 5% 이상을 차지해야 하며, AMC를 통하여 자산 관리를 해야 한다.

따라서 대부분의 민간 참여자의 출자지분 구성은 금융사 등 재무적투자자(FI), 건설사 등 건설적 투자자(CI), 시행사 등 전략적 투자자(SI) 등으로 지분 참여한다.

하지만, 대장동 도시개발사업의 경우에는 민간 참여자에 AMC 참여를 유도하였다. 법인 설립 이후 AMC 법인을 별도로 설립하는 경우와는 다르게 민간 참여자 모집 단계부터 AMC를 참여토록 하였다.

2021년 기준으로 수도권 지방공기업에서 민·관 공동 도시개발사업을 추진한 곳은 11곳이었으며 아래 표와 같다.

〈 2021년 민·관 공동 도시개발사업 목록〉

No.	구역명	공공시행자	민간 참여자 선정 방식	공모 시기	협상 대상자 선정 시기	법인 설립 시기	주민 공람 공고 시기	비고
1	○○ 복합단지 (549,120㎡)	○○도시공사	공모	2019.4	2019.9	2020.2	2021.5	
2	오산운암 뜰 A시티 (584,123㎡)	오산시, 농어촌공사, 수원도시공사, 평택도시공사	공모	2019.4	2019.7	2021.10	2021.2	
3	김포고촌 (468,523㎡)	김포도시공사	공모	2018.1	2018.3	2020.2	-	
4	구리 스마트시티 (1,499,000㎡)	구리도시공사	공모	2020.8	2020.11	x (협약체결, '21.2)	-	
5	의정부 306보충대 (293,814㎡)	의정부시	공모	2020.4	2020.8	x (협약체결, '20.12)	-	
6	김해율하 (296,645㎡)	김해시, 농어촌공사	공모	2016.5	2016.7	x (협약체결, '16.12)	-	
7	김포사우동 종합운동장 (66,711㎡)	김포도시공사	공모	2020.3	2020.6	x (협약체결, '20.10)	-	
8	시흥 브이씨티 (2,216,073㎡)	시흥시	공모		2017.3	x	2018.2	
9	미추홀구 신청사 (43,282㎡)	인천미추홀구	공모	2021.6	2021.7	x	-	
10	하남 H2 프로젝트 (162,000㎡)	하남도시공사	공모	2021.4	2021.8	x	-	사업 중단
11	신규개발사업 공모	시흥도시공사	사업제안 형공모	2021.1	2021.7	x	-	사업 중단

* 국토교통부 국토교통위원회 소관위 심사자료(2022.9.7.)

* 단, 시흥도시공사의 경우 사업제안(아이디어)에 대한 공모

도시개발사업은 대부분 부지조성 사업을 완료하는 시점에 용지 분양 수익을 지분별로 정산하고 특수목적법인을 청산한다. 물론 기반 시설 공사가 완료되는 시점까지 AMC는 존치한다. 다시 말하면 부지조성공사비용은 용지 분양을 통해 회수하고 수익을 발생시키는 것이다. 이를 1차 사업이라 한다. 부지조성 공사가 준공된 후 분양된 용지를 통해 건설사업을 추진하는 것을 2차 사업이라 한다.

대장동 도시개발사업은 출자자가 출자 비율에 따라 배당하는 것과는 달리 공공시행자는 우선 배당하고 민간 참여자는 별도 협의에 따라 배당한 것으로 보인다. 또한 부지조성 공사 완료 이후 2차 사업에까지 AMC가 참여하여 대부분 공동주택 건설사업으로 많은 이익을 남겼다.

결론적으로 다른 민·관 공동 개발사업이 법인을 설립한 후 AMC를 설립하는 경우와는 다르게 AMC가 민간 참여자 모집 단계부터 참여하였다. 그리고 1차 사업 후 법인 청산하는 것과는 달리 2차 사업에도 AMC가 계속 참여하는 구조로 공공시행자는 1차 사업 후 청산했지만, 민간 참여자는 2차 사업까지 참여하여 큰 이익을 얻었다. ○○ 자산 관리는 법인출자자이면서 AMC 업무도 모두 수행하였다. 이는 다른 사업과 크게 차별되는 부분으로 민간 특혜 시비가 일어났던 부분으로 추정한다.

일반적인 PFV와 대장동 도시개발사업의 사업 구도 비교표는 다음과 같다.

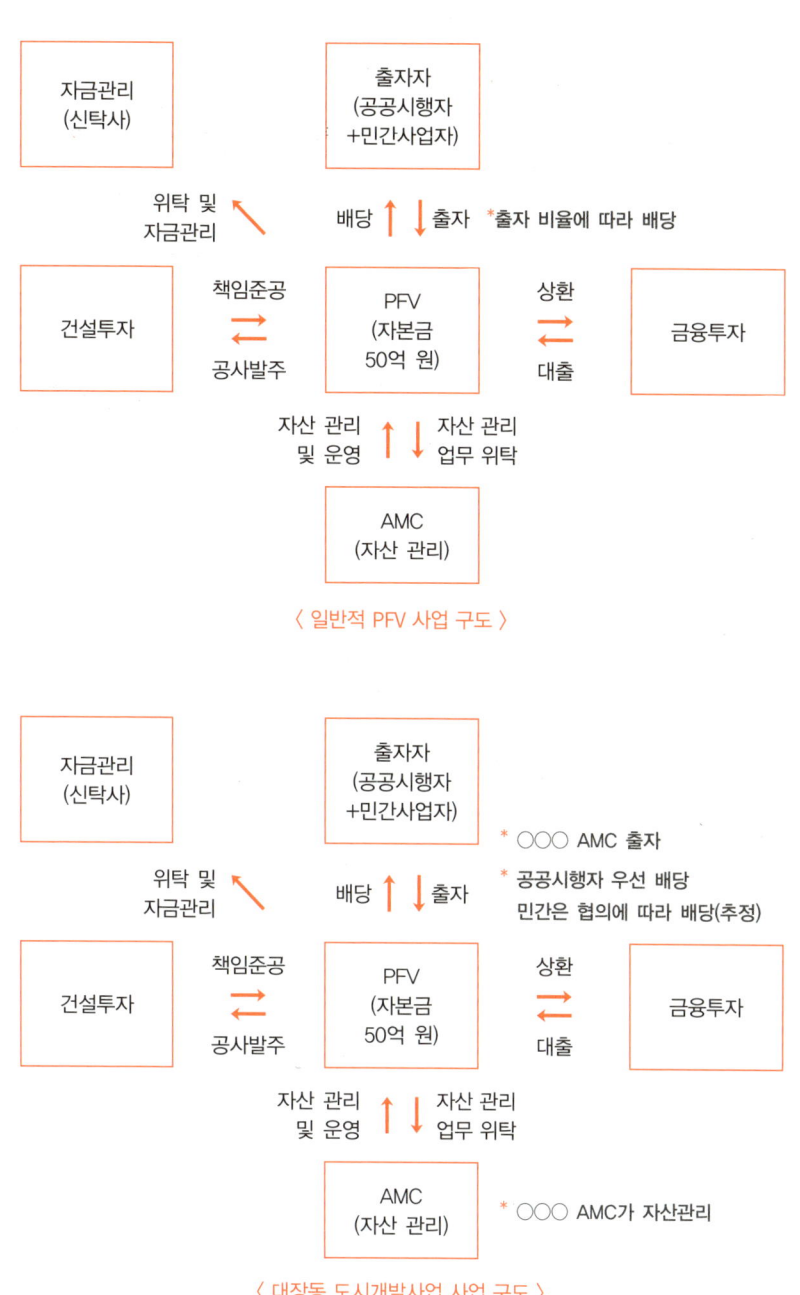

대장동 사건이 이슈화 된 지 얼마 되지 않아 도시개발법 개정 절차가 진행되었다. 아래 기사를 보면 당시의 법 개정 의지를 엿볼 수 있다.

> **'제2 ○○대유 막는다' ○○○, 도시개발법 개정안 발의**
>
> "○○대유로 도시개발법 허점 드러나… 공공 감독 기능 강화해야" … ○○○ 의원은 26일 지방자치단체 등 도시개발사업 지정권자가 사전 수립한 계획에 따라 시행자가 조성 토지를 시장에 공급하도록 하는 '도시개발법 일부 개정 법률안'을 대표 발의했다고 밝혔다. 현행 도시개발법에 따르면, 시행자가 토지공급계획을 작성해 지정권자에게 제출하기만 하면 따로 허가 등 절차를 걸치지 않아도 조성 토지를 시장에 자유롭게 공급할 수 있다 …'성남 판교 대장 개발사업'에서 ○○대유가 천문학적인 개발이익을 거두게 된 것도 이러한 현행 도시개발법 허점을 이용했다는 지적이다. 사업시행자인 하나은행 컨소시엄(성남의 뜰)이 출자자인 ○○대유에 5개 필지를 수의계약으로 매각했다는 것이다. 이번 개정안이 국회를 통과하면 … "○○대유 사건으로 그간 토건 카르텔이 활용해 온 법의 허점이 여럿 드러나고 있어 제도개선이 시급하다"라며 "이 법이 통과되면 지자체를 통한 공공의 감독 기능이 강화될 것"이라고 밝혔다. 이어 "시행자와 출자자의 '돈 잔치'로 전락한 도시개발사업의 공익적 가치를 회복하기 위해 노력하겠다."라고 덧붙였다.
>
> 쿠키뉴스, 2021.10.27.

이 보도 내용에서는 민·관 공동 도시개발 사업추진 시 당시 도시개발법에 따라 조성 토지 등을 공급하려는 경우 시행자가 조성 토지

공급계획을 지정권자에게 승인받으면 공급할 수 있는 것에 대한 문제점을 제기하였다.

2021년 9월부터 여섯 번의 도시개발법 개정안이 제안되고 2021년 12월 8일에 제안된 대안이 12월 9일에 국회 본회의 의결, 2021년 12월 21일에 공포되었다.

통상적으로 의원발의 법안이 본회의에서 가결되는 것은 1년에 전체에서 약 29%도 되지 않는다(2021년 기준 법률안 처리 통계, 의안정보시스템). 이를 생각하면 4개월 만에 처리됐다는 것은 대장동 사건이 큰 이슈이며 관련 법을 개정할 의지가 높다는 의미일 것이다.

하지만 충분한 의견수렴 없이 빠르게 처리된 도시개발법 개정안의 문제점은 공포한 지 6개월도 지나지 않아 나타났다. 개정안에 따른 시행령은 기존에 추진 중이었던 민·관 공동 도시개발사업에 관한 내용을 포함하지 않았고 이를 발표하자 파장이 일었다.

이 법은 민간 개발이익을 제한하고 절차적 투명성을 확보하기 위해 마련되었다. 그러나 법 시행 전에 도시개발구역으로 지정되지 않은 사업은 강화된 법령을 따라야 했으므로 기존 우선협상대상자로 선정된 업체들이 다시 공모 단계부터 시작해야 하는 상황에 처했다. 이로 인해 민간사업자들 사이에서는 불만의 목소리가 커진 것이다.

개발업체들은 이 법령이 소급 입법에 해당한다며 반발하였으며, 사업자 재선정 등에 따른 사업 기간 지연으로 인한 막대한 금융비용 및 매몰 비용 등 사회적 비용이 발생할 것이라고 우려했다. 또한, 이러한 상황이 개발사업 위축으로 이어져 주택공급 부족 사태를 불러올 수 있다 의견도 제기되었다. 하지만 국토교통부는 규제개혁위원회와 법제처심사 과정에서 문제가 없었다고 강조하며, 소급 입법과는 다르다는 입장을 밝혔다.

이처럼 대장동 사건으로 비롯된 개정법은 민간 참여자의 이익률을 제한하고 개발이익을 임대 주택의 건설·공급에 대한 비용으로 재투자 등의 내용을 담았다. 그러나 이미 추진 중인 사업에 대한 내용을 담지 않았다. 이로써 법령 개정안이 실시되는 2022년 6월 22일까지 도시개발구역으로 지정되지 않은 사업은 우선협상대상자일지라도 다시 공모 단계부터 시작해야 한다는 것이다.

결국 이미 추진되고 있는 도시개발사업에도 적용유예 기한(소급 적용)을 일괄적으로 6개월로, 날짜는 2022년 6월 22일까지로 제한하고 적용유예 기간에 도시개발사업 구역 지정을 못 받은 사업은 민간 참여자를 다시 모집하는 절차를 이행해야 한다.

여기에는 소급 적용과 관련해서는 공모 및 민간 참여자 선정의 적법성 및 유효성이 인정되는지 문제가 있다. 더불어 민간 참여자 선정을 마쳤음에도 공모를 다시 진행한다면 법령의 소급 적용에 따른 법적 안전성 저해의 우려가 있다.

2022년 4월 당시 추진 중이던 사업은 ○○시에서 경기도에 도시개발구역 지정 요청을 한 상태였다. 참고로 본 사업은 도시개발법 시행령 제5조에 의하여 인구 50만 명 이하의 기초지자체로, 도시개발구역 지정권자는 '도지사'이다. 또한 사업방식은 민·관 공동 개발사업으로 수용·사용 방식으로 추진되고 있었다.

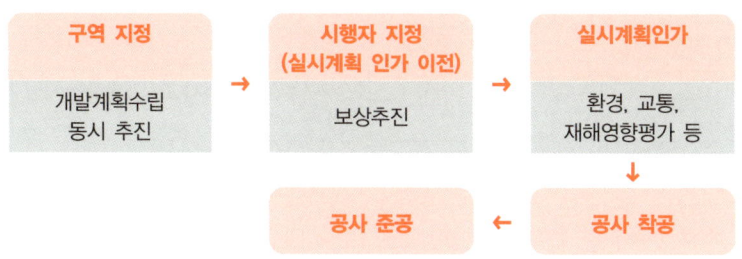

〈 도시개발사업 대략 추진 절차_수용·사용 방식 〉

* 수용·사용 방식: 시행자가 토지 등의 수용하거나 사용할 수 있음(단, 민·관 공동법인의 경우 공공시행자가 50% 이상 지분확보 필요)

도시개발구역 지정요청을 하고 나면 국토부의 중앙토지수용위원회 협의 이행에 약 2~3개월, 도 도시계획심의에 약 3개월 정도 소요되어 2022년 6월까지 2개월 동안 도시개발구역 지정은 불가능한 상황이었다. 그래서 도시개발법 시행령 일부 개정령(안)에 대한 입법예고 기간(2022년 3월~4월)에 정식의견을 제시하였다.

주요 내용은 민간 참여자 선정 절차 관련해서 시행령 시행 이전 민간 참여자 선정 완료 사업은 예외 적용이 필요하다는 의견이었다. 개정 사항은 다음과 같다.

〈 도시개발법 시행령 일부 개정 〉

구 분	법 개정안	시행령 일부개정안
이윤율	민간 투자비의 10% 이내	좌 동
선매입	민간 지분율로 제한	좌 동
민·관 공동개발 사업 절차	–	절차, 방법 신설
적용	–	2022년 6월 22일까지 도시개발구역 지정 시 절차 등 유예

국토교통부는 법 개정 사항으로 법의 내용에 따른 시행령 개정 사항이라 제출 의견을 수용할 수 없다는 뜻을 고수하였다. 그럼에도 민간 참여자인 건설사에서도 ○○ 주택협회를 통해 이미 투입된 비용 등의 매몰 비용 발생, 수도권 공동주택 공급 축소 등으로 개정된 시행령의 수정을 요구하였다.

또한 본 사업 공공시행자인 ○○도시공사는 수도권 내 지방공기업에 공문을 보내 비슷한 사업지역(수도권 도시공사 23곳, 민·관 공동 도시개발사업 본 사업 포함 11개)과 같은 목소리를 낼 수 있도록 하였다.

결국에는 이러한 의견을 수렴하여 도시개발법 개정안의 내용을 수정하는 방향으로 도시개발법 개정안(수정 입법)이 2022년 9월 6일 발의되었다.

1.2 공공시행자의 민간 공동출자 법인 설립

* 2021.12. 도시개발법 개정, 2023.7. 도시개발법 개정

대장동 이슈를 배경으로 한 도시개발법은 2021년 12월 21일 개정공포, 2023년 7월 18일 수정 입법 공포로 두 번 개정되었다.

2021년 12월 개정된 도시개발법은 일반적으로 위원회 심사, 본회의 심의 등의 절차를 거치는 반면에 본회의 심의를 거치지 않고 본회의 의결을 했다. 2021년 9월부터 11월까지 6건이 제안되어 위원회에서 대안으로 상정한 것으로 당시 대장동 이슈가 얼마나 큰 사건이었는지 짐작해 볼 수 있다.

도시개발법 개정 이유는 의안 원문 설명 자료를 통해 알 수 있다. 주요 내용은 다음과 같다.

> 도시개발사업을 시행하기 위해 설립된 민·관 공동 출자법인의 공공시행자와 민간 참여자 간의 이익배분, 적정 이윤율 등에 대해 따로 정하고 있지 않아 민간 참여자의 이익이 과도 발생 우려가 있어 민간 참여자의 이익을 합리적으로 제한하고 도시개발사업의 절차적 투명성 확보를 위해 민간 참여자의 이윤율 상한을 대통령령으로 정하도록 하고, 민간 참여자 선정 방법, 민간 참여자와의 사업 시행을 위한 협약 체결 절차, 협약 체결 시 지정권자의 승인 및 정부의 관리·감독 권한 등에 관한 사항을 규정하려는 것이다.
> 또한, 민간 참여자 개발이익이 약정된 이윤율을 초과하면 그 초과

분을 도시개발 특별회계의 재원, 주민 생활편의 증진을 위한 시설비용, 기반 시설의 설치를 위한 용지의 공급가격 인하, 임대 주택의 건설·공급에 대한 비용으로 재투자하도록 하려는 것이다.

다음으로, 조성 토지 등의 공급계획에 대한 지정권자의 관리·감독 권한을 강화하기 위하여 시행자가 조성 토지 등의 공급계획을 수립하면 지정권자의 승인을 받도록 하며, 민간 참여자가 조성 토지 등을 직접 사용하려고 할 때 전체 조성 토지 중 해당 민간 참여자의 출자지분 범위 내에서만 조성 토지 등을 사용할 수 있도록 규정하려는 것이다.

마지막으로, 민·관 공동 출자법인에 대해 국토교통부 장관이 도시개발사업의 민간 참여자 선정, 시행 및 운영 실태에 대하여 지정권자에게 보고하게 하거나 검사를 할 수 있도록 하고, 검사의 결과에 대해 필요한 조치를 명할 수 있도록 하여 국토교통부 장관의 관리·감독 권한을 강화하려는 것이다.

민간 참여자가 조성 토지 등을 직접 사용하려고 할 때 전체 조성 토지 중 해당 민간 참여자의 출자지분 범위 내에서만 조성 토지 등을 사용할 수 있도록 규정하려는 것이다.

마지막으로, 민·관 공동 출자법인에 대해 국토교통부 장관이 도시개발사업의 민간 참여자 선정, 시행 및 운영 실태에 대하여 지정권자에게 보고하게 하거나 검사를 할 수 있도록 하고, 검사의 결과에 대해 필요한 조치를 명할 수 있도록 하여 국토교통부 장관의 관리·감독 권한을 강화하려는 것이다.

도시개발법 개정안과 기존 도시개발법의 주요 내용을 비교하면 다음과 같다.

〈 도시개발법 개정 전후 비교〉

구 분		기존	개정안
구역지정 (국토부장관 협의기준)		100만㎡ 이상	50만㎡ 이상
법11조의2 (민·관 공동 출자법인 설립 시)	민간참여자이윤	–	상한율 시행령으로 정함
	조성토지공급	지정권자제출	지정권자 승인, 민간참여자 출자지분범위 내 제한
	민간참여자선정	–	공모의 방식으로 선정, 협약내용 지정권자승인·국토부 장관보고, 선정 절차는 시행령에 따름
부칙(경과규정)		–	법 공포 후 6개월 경과일로부터 (단, 법 11조의 2사항은 구역 지정하는 경우)

도시개발법 개정안은 기존 도시개발법과는 다르게 법 11조의 2항을 신설하여 민·관 공동법인 설립 시 민간 참여자 선정 방법 등에 대해서 시행령으로 따로 정하게 하였다. 이때 경과규정을 법 공포 후 6개월로 하였다.

도시개발법 개정안이 공포된 후 국토교통부는 도시개발법 시행령과 도시개발업무지침 일부개정안에 대하여 입법예고 하였다. 주요 내용은 지정권자가 구역 지정 시 국토교통부 장관과 협의하여야 하는 대상을 100만㎡ 이상에서 50만㎡ 이상의 사업으로 확대하고, 민·관 공동사업 시 민간 참여자의 이윤율은 총사업비 중 민간 참여자가 부담하는 비용을 기준으로 100분의 10을 넘지 못하도록 하는 것이다. 예를 들어 총사업비가 100억 원이고 민간 참여자가 50억 원을 부담하였다면 사업 수지에 따른 이윤율은 50억 원의 10%를 넘지 못한다. 대부분의 민·관 공동사업은 사업비 정산 이후 출자 지분에 따라 배당을 받는데, 배당 이익이 이윤을 밑돌면 적용되지 않는다.

〈 도시개발구역 규모 현황(2020.12. 기준) 〉

구분	합계	3만㎡ 미만	3~10만㎡ 미만	10~30만㎡ 미만	30~50만㎡ 미만	50~100만㎡ 미만	100만㎡ 이상
구역 수 (개)	562	65	171	154	65	85	22
비율	100%	11.6%	30.4	27.4%	11.6%	15.1%	3.9%

* 국토교통부 입법예고 설명 자료(공고 제2022-265호, 2022.3.11.)

〈 민간 이윤율 관련 타 입법 내용 비교 〉

구 분	도시개발법	택지개발촉진법	산업입지법
민간 이윤율 제한	총사업비의 10% 이내	총사업비의 6% 이내	산업시설용지를 조성원가의 15% 이윤율 이내 분양

* 국토교통부 입법예고 설명 자료(공고 제2022-265호, 2022.3.11.)

공공시행자가 공모의 방식으로 민간 참여자를 선정하려는 경우에는 사업계획을 전국에 보급되는 일간신문과 공공시행자의 인터넷 홈페이지에 공고하도록 하는 등 절차를 규정하였다. 절차와 방법은 「민간 참여 공공주택사업 시행 지침」, 「공모에 의한 공공·민간 공동 택지 개발사업 시행 지침」 관련 규정을 참조하였다.

공모 외 방법으로 민간 참여자를 선정할 수 있는 요건 규정을 신설했다. 민·관 공동사업의 민간 참여자를 선정할 때는 공모 방법으로 하되, 공모 외의 방법으로 민간 참여자를 선정하는 것이 더 효과적인 경우, 예외(민간 제안 방식)를 둘 수 있도록 법률 개정되어 시행령에 반영하였다.

〈 민간 제안 방식 민간 참여자 선정 개정안 기존 시행령 비교 〉

기존	개정안
없음	다음의 요건을 모두 갖춘 경우 공모의 방식이 아닌 방식으로(민간제안 방식) 민간참여자를 선정할 수 있음 ① 제안자가 전체 토지의 2/3이상 소유하고, 10만㎡미만인 경우 ② 이미 영 제2조의 구역지정 요건을 갖춘 경우 ③ 도시지역으로서 개발을 제한하고 있는 지역이 아닌 경우

* 국토교통부 입법예고 설명자료(공고 제2022-265호, 2022.3.11.)

또한 지정권자가 협약 체결을 승인하려는 경우 총사업비, 민간 참여자 이윤율에 관한 사항 등 협약 내용의 적정성을 확인하도록 하고, 협약의 내용 포함 사항을 명시하였다.

〈 협약 사항 개정안과 기존 시행령 비교 〉

기존	개정안
없음	○ 공동사업 시행을 위한 협약내용에 아래의 내용 모두 포함 ① 공동출자법인의 설립 및 해산에 관한 사항 ② 조성 토지 등의 공급·처분·직접사용에 관한 사항 ③ 개발이익 재투자에 관한 사항 등

* 국토교통부 입법예고 설명자료(공고 제2022-265호, 2022.3.11.)

그리고 기존에는 지정권자에게 제출만 하도록 했던 조성 토지 등 공급계획에 대하여 지정권자에게 승인받도록 하였다. 예를 들어 민·관 공동법인의 민간 참여자 출자 비율이 49%라면 사업시행자가 사용할 수 있는 조성 토지는 전체사업 면적의 49% 이하로 제한된다.

이외에도 민간 참여자에게 배분하여야 하는 개발이익이 민간 이윤율을 초과하여 발생하면 그 초과분을 재투자 하도록 했다. 국토교통부 장관은 필요시 민·관 공동 도시개발사업의 협약서 등에 대해 지정권자의 보고를 받거나 지정기관에 검사를 받을 수 있게 하였다.

그렇다면 개정된 법률에 따른 민·관 공동 도시개발사업 시행 시 민간 참여자 선정은 어떻게 할까? 도시개발업무지침 일부개정 훈령안을 통해 그 방법을 명시했다.

가장 먼저 공공시행자가 사업대상지를 결정하고 사업계획을 지정권자에게 통보한 후 민간 참여자 공모 관련 설명회 개최 및 공모공고를 일간신문으로 한다.

그다음 민간 참여자가 제출한 사업계획서를 공공시행자가 검토·평가하고, 민간 참여자 선정 심의위원회를 통해 우선협상대상자를 선정한다. 그리고 민간 참여자와 공공시행자와의 협약 체결 후 지정권자의 승인 이후 법인 설립을 한다. 추진 절차에 따른 세부적인 내용을 표시하면 다음과 같다.

〈 민·관 공동 도시개발사업 시행 절차 〉

구분	추진절차	주요검토내용
민간참여자 공모 선정	사업 대상지 결정(공공시행자)	
	사업계획 작성 (공모 및 평가계획 포함) 및 통보(공공시행자→지정권자)	사업계획에 [1] 사항을 포함
	(선택)공모 관련 설명회 개최 (공공시행자)	설명회 참가자에 한하여 공모 가능
	사업계획 (공모 및 평가계획 포함) 공고	일간신문, 인터넷 홈페이지에 각각 1회 이상 공고(평가최소점수 포함)
	사업참여계획서 제출 (민간시행자→공공시행자)	- 사업참여계획서에 [2] 사항을 포함 - 제출기간: 공고일로부터 60일 이상 - 응모자가 1인일 경우 30일 이내 재 공모
	사업참여계획서 사실 여부 확인(공공시행자)	서류 허위 및 누락 시 공모신청자 실격 처리
사업참여계획서 검토·평가	사업참여계획서 검토·평가 (공공시행자)	평가항목 ① 민간참여자 구성 적절성 ② 사업타당성 ③ 자금조달계획 현실성 ④ 민간참여자 이윤율 및 수익배분 적절성 ⑤ 조성토지계획 적절성 ⑥ 공공기여 적절성(기반시설, 개발이익 재투자 등) ⑦ 총사업비 절감 노력 ⑧ 그 밖에 사업 특성, 지역 여건 등에 따라 평가가 필요한 사항
	민간참여자 선정 심의위원회 구성·운영 (공공시행자)	민간참여자 선정 심의위원회(선정위원회) 위원 ① 분야별 전문가, 공공시행자 소속 공무원 또는 임직원 20인 내외로 구성 ② 위원장은 민간전문가 중에서 호선 ③ 공공시행자 소속 공무원 또는 임직원 수 전체 위원 수의 3분의 이하로 제한 ④ 위원은 사업 관련 주요 정보를 누설할 수 없으며 위원장은 보안각서를 징구
협상 대상	우선협상대상자 선정 (공공시행자)	**최고득점 신청자 우선협상대상자 선정** - 점수에 따라 순위별 후순위 협상대상자 선정 - 사정에 따라 차순위자 우선협상대상자 선정 가능

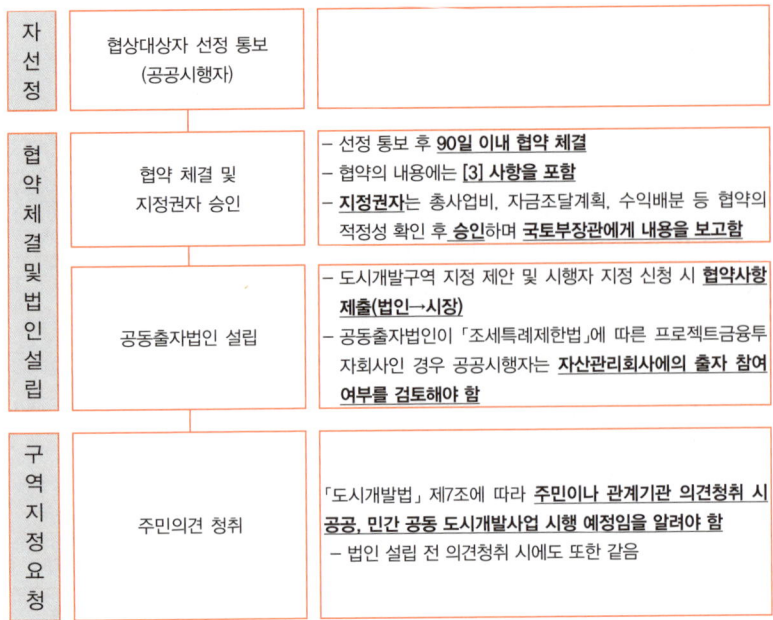

* 개정된 법률 내용을 기초로 재편집한 것임

〈 사업계획, 사업참여계획서, 협약서 포함내용 〉

1. 사업계획 작성 시 포함내용

① 사업의 개요 (사업명, 사업의 목적, 위치, 면적, 기간 등 포함)

② 공모신청자격

③ 사업참여계획서의 제출기간 및 방법 등 공모신청 요령

④ 사업참여계획서에 관한 평가항목 및 기준

⑤ 사업참여계획서 작성 지침

⑥ 공공시행자의 출자 및 공공시행자와 민간참여자의 역할 분담에 관한 사항

⑦ 협약 및 법인설립에 관한 사항

⑧ 총사업비 및 예상 수익률 등에 관한 사항

⑨ 민간참여자의 이윤율 상한에 관한 사항

⑩ 기반시설의 설치 및 비용부담에 관한 사항
⑪ 개정법 제53조의2제1항에 따른 개발이익 재투자에 관한 사항(이하 "개발이익 재투자에 관한 사항"이라 한다)
⑫ 조성 토지 등 공급 · 처분 · 직접사용에 관한 사항
⑬ 그 밖에 공모 참가에 필요한 사항

2. 사업참여계획서 포함내용

① 사업명, 위치, 면적, 기간 등 사업의 범위와 규모에 관한 사항
② 공공시행자와 민간참여자의 역할배분 및 책임과 의무에 관한 사항
③ 총사업비 및 자금조달계획에 관한 사항(자기자본비율과 타인자본비용율 포함)
④ 출자자 간 비용분담 및 손익배분에 관한 사항
⑤ 민간참여자의 이윤율에 관한 사항
⑥ 공동출자법인의 설립 및 해산에 관한 사항
⑦ 조성공사 시공권에 관한 사항(조성공사의 설계금액 대비 시공금액의 비율 포함)
⑧ 조성 토지 등의 공급 · 처분 · 직접사용에 관한 사항
⑨ 개발이익 재투자에 관한 사항
⑩ 사업완료 후 사후처리방안에 관한 사항(미분양 토지 처분방안 포함)
⑪ 시설물 등의 이관 및 사후관리에 관한 사항
⑫ 민간참여자의 창의적인 아이디어를 반영한 토지이용계획 또는 토지이용계획 변경제안에 관한 사항
⑬ 조성비 등 총사업비 절감 방안
⑭ 그 밖에 사업시행과 구역 여건에 따라 별도 협약이 필요한 사항

3. 협약체결 시 포함내용

① [2]①부터 ⑪의 규정에 해당하는 사항
② 이주대책 및 생활대책에 관한 사항
③ 협약의 변경과 해지에 관한 사항
④ 그 밖에 사업시행과 지구 여건에 따라 별도 협약이 필요한 사항

시행령 및 지침은 입법예고 후 약 1개월(2022.3.~4.) 의견 수렴 기간이 있었다. 당시 재직 중이던 회사에서는 '○○ 복합단지 도시개발사업'을 추진하면서 민·관 공동법인을 설립한 상태로 의견서를 제출했다(2022.3.).

검토의견서를 기초 지자체를 통해 국토교통부에 제출하고 민·관 공동 도시개발사업에 관련된 수도권 기초지방자치단체 산하 공기업 23곳에도 알렸다. 그 결과 ○○도 도시공사협의회에서 '도시개발법 시행령 개정안 등의 문제점 검토의견서'를 제출할 수 있었다(2022.5.).

시행령 개정안에 대한 제출의견서 주요 내용은 다음과 같다.

> 부칙 제2조(법인의 설립과 사업 시행 등에 관한 적용례) 제18조의2의 개정 규정은 이 영 시행 이후 최초로 도시개발구역을 지정하는 경우부터 적용한다. 다만 이 지침 시행 이전에 공모의 방식으로 민간 참여자 선정을 완료하면 규정을 적용하지 아니한다.

개정안에 따르면, 공모의 방식으로 민간 참여자를 선정하는 경우 그 사업계획을 전국에 보급되는 일간신문 등에 1회 이상 공고하여야 하며, 그와 같은 절차는 개정된 지침 시행일부터 적용된다. (부칙 제2조)

그런데 도시개발사업은 도시개발구역 지정 이전에 개발계획(도시개발법 제4조)과 관련하여 개발계획을 수립, 주민 의견 청취(도시개발법 제7조) 및 도시계획위원회의 심의 등의 절차를 거친다.

특히 민·관 공동 도시개발사업의 경우 도시개발구역 지정 이전에 ① 국가·지방자치단체·공공기관·지방공사 등의 공모에서 민간 컨소시엄 간 경쟁을 통해 민간 참여자를 선정한 후, ② 민간 참여자와 공모공고의 내용을 반영하여 협약을 체결하고, 법인 설립(도시개발법 제11조 제1항 제11호)까지 마친 경우가 대부분이다.

그렇다면 '시행령 시행 이후 도시개발구역의 지정'을 기준으로 개정안을 적용한다면 그 시행 이전에 공모 및 민간 참여자 선정을 완료한 때도 해당 규정을 적용하여야 하는지에 혼선이 발생할 우려가 있다. 게다가 그 공모 및 민간 참여자 선정의 적법·유효성이 인정되는지 문제가 발생할 수 있다. 나아가 이미 민간 참여자 선정을 마쳤음에도 공모를 다시 진행하여야 한다고 해석되면 법령의 소급 적용에 따른 법적안정성 저해의 우려가 있다.

대법원은 "기득권의 존중이나 법적 안정을 기하는 뜻에서 새로 제정된 법률은 그 이전에 발생한 사실에 관하여서는 원칙적으로 그 소급효가 배제되는 것"이라는 견해를 밝힌 바가 있다(대법원 1985. 7. 9. 선고 85도728 판결). "법령의 소급 적용, 특히 행정 법규의 소급 적용은 일반적으로는 법치주의의 원리에 반하고, 개인의 권리·자유에 부당한 침해를 가하며, 법률생활의 안정을 위협하는 것이어서, 이를 인정하지 않는 것이 원칙(법률불소급의 원칙 또는 행정 법규 불소급의 원칙)이다. 다만 법령을 소급 적용하더라도 일반 국민의 이해에 직접 관계가 없는 경우, 오히려 그 이익을 증진하는 경우, 불이익이나 고통을 제거

하는 경우 등의 특별한 사정이 있는 경우에 한하여 예외적으로 법령의 소급 적용이 허용된다."라고 판시하였다(대법원 2005. 5. 13 선고 2004다8630 판결).

또한 헌법 제13조 제2항에서는 "모든 국민은 소급 입법에 따라 참정권의 제한을 받거나 재산권을 박탈당하지 아니한다."라고 규정했다. 헌법재판소는 이와 같은 헌법 조항 등을 근거로 "헌법상의 기본원칙인 법치주의로부터 도출되는 법적안정성 측면에서 볼 때도 법규범은 현재와 장래에 효력을 가지는 것이기 때문에 소급 입법은 금지 내지 제한된다."라고 결정했다(헌법재판소 2012. 8. 23.자 2011헌바169 결정 등).

개정안은 민간 참여자 이익의 합리적 제한 및 도시개발사업의 절차적 투명성을 확보하는 공익상 사유를 위한 것이다. 이를 위하여 공모 절차에 관한 내용의 규정 이외에도 ① 민간 참여 사업자의 이윤율 제한, ② 지정권자의 국토부 장관과 협의 대상 규모 확대, ③ 협약 체결 승인 시 확인 사항 및 협약 내용, ④ 조성 토지 등의 공급 계획 승인 절차 등을 규율하고 있다. 이렇듯 개정안 시행 이전에 진행된 공모 및 민간 참여자 선정의 효력을 전면 소급하여 무효로 하지 않더라도 당초 공익상 사유를 충분히 달성할 수 있다.

개정안 시행 이전에 진행된 공모 및 민간 참여자 선정의 효력을 전면 소급하여 무효로 하는 경우 공모 및 그 이후 법인 설립 및 사업 진행에 든 제반 비용과 노력이 모두 그 경제적 가치를 완전히 상실하게 되어 신뢰 보호의 원칙을 침해할 수 있다.

이러한 개정안은 그 공익상 사유보다 침해되는 신뢰가 과다한 상황을 초래할 수 있다. 따라서 법률 안정성 측면에서 부칙 규정을 통하여 그 적용 범위를 적절히 조정할 필요가 있다.

기존의 도시개발법에는 공공시행자가 민간 참여자를 모집하는 절차를 규정하고 있지 않았다. 그래서 재정 규모가 작은 기초지방자치단체는 사업비가 큰 대규모 도시개발사업 추진 시에는 산하 공기업을 통해 민간 참여자를 먼저 선정하고 민간 참여자의 재원으로 용역비를 마련하여 도시개발구역 지정요청 하게 된다.

반면에 인구 50만 명 이상의 광역지방자치단체는 도시개발구역 지정권이(도시개발법 제3조 제1항 제2호) 있어 자체적으로 도시개발구역을 지정하고 민간 참여자를 모집한다.

개정 시행령은 광역지방자치단체 사례를 들어 대부분 민·관 공동 도시개발사업은 도시개발구역을 지정하고 민간 참여자를 모집하는 것으로 간주했다. 기초지방자치단체의 경우처럼 도시개발구역 지정 전에 민간 참여자를 모집하는 사례를 적용하지 못했다.

따라서 국토교통부는 제출 의견에 대하여 "소급 입법은 이미 형성된 권리를 부정해야 하는데 그것과는 다르다.", "경과규정을 바꾸려면 법 개정안을 수정해야 한다."라며 수용하기 어렵다는 의견이었다.

도시개발법 개정안은 2022년 12월 21일 공포된 이후 시행령 및 시행 지침까지 개정되어 2022년 6월 22일부터 시행되었다. 이에 따라 법 개정 전부터 추진 중인 민·관 공동 도시개발사업의 공공시행자와 민간 참여자의 반발이 심했다.

'도시개발구역 지정·고시'를 하지 못한 경기지역 10여 개 주택개발 사업장(약 4만 가구)이 사업 절차를 다시 진행할 수밖에 없게 됐다. "황당한 법 규정 때문에 수많은 주택 개발사업이 좌초 위기인 만큼 반드시 조기 개정돼야 한다."라고 하는 등의 기록을 찾아볼 수 있다.

이러한 문제점이 받아들여져 2022년 9월 6일 도시개발법 일부 개정 법률안(이하 수정 입법)이 의원발의 되었다. 2023년 6월 29일 본회의 의결을 통해 수정 입법을 공포하고 시행하였다.

수정 입법 제안 이유는 2023년 6월 국토교통위원회에 제출된 자료에 다음과 같이 설명되어 있다.

> 도시개발사업의 공공성과 투명성을 강화하기 위해 민간 참여자의 선정 절차와 이윤율 상한 규정 등을 담은 도시개발법 개정법률(공포 2021.12.21., 시행 2022.6.22.)의 부칙 제2조는 관련 개정 규정을 이 법 시행(공포 후 6개월) 이후 지정하는 도시개발 구역부터 적용하도록 규정하였으나,
>
> 개정법률 시행 전 민간 참여자로 선정되었더라도 시행일인 2022년 6월 22일까지 도시개발구역이 지정되지 않았다면, 개정법률에 따라 공모 절차를 재이행해야 하는 경우가 발생함에 따라 사업 지연이 예상되고 시간적·경제적 피해가 커지게 될 수 있다는 문제 제기가 있다.
>
> 이에, 민간 참여자의 신뢰를 보호하고 불필요한 사회적 비용을 최

> 소화하는 한편, 당초 개정법률의 공공성 강화 규정이 달성하고자 하는 공익적 목적을 종합적으로 고려할 수 있도록, 당시 공모의 방식을 통해 민간 참여자가 선정되었으면 민간 참여자를 다시 선정할 필요가 없도록 민간 참여자 선정 관련 규정은 시행일(2022.6.22)로부터 3년이 지나간 날 이후 최초로 도시개발구역을 지정하는 경우부터 적용하도록 하며, 선정된 민간 참여자의 지위와는 직접적인 관련이 없는 민간 이윤율 상한, 협약의 체결 의무, 협약체결 시 지정권자의 승인 절차 등 공공성 강화 규정은 적용하도록 규정하려는 것이다.

수정 입법으로 당초 개정 법률(2021.12.21. 공포)로 좌초 위기에 빠져있던 기존 민·관 공동 도시개발사업이 수정 입법 공포일로부터 3년 이내 도시개발구역을 지정받으면 사업추진이 가능하다는 내용이다.

하지만 수정 입법 내용은 경과규정 3년 유예 사항만 명시되어 있고 하위법령인 시행령과 지침에서의 민간 참여자 모집 절차의 규정 적용에 대한 명확한 규정은 없다.

기존 민·관 공동 도시개발사업 추진 사업은 대부분 민·관 공동법인을 설립한 상태로 도시개발구역 지정요청을 하였다. 따라서 민간 참여자 모집계획이 있을 때 시행령과 지침을 어떻게 적용해야 하는가에 대한 또 다른 문제가 발생했다.

당시 이에 해당하는 사업은 재직 중이던 지방공사가 추진하고 ○○시가 시행 중인 B도시개발사업이었다. 이 사업의 지정권자 도청 및 기초지방자치단체와 여러 차례 협의한 결과 새로운 기준이 필요하다는 것에 동의하였다.

도청은 민·관 공동 도시개발사업에서 민간 참여자 모집공고, 우선협상대상자 선정, 협약체결, 법인설립, 도시개발구역 지정요청 단계를 완료한 상태에서 협약체결 부분에 대해 지정권자의 승인과 국토교통부의 보고 절차는 이행해야 한다는 결론을 지었다.

도청의 의견은 다음과 같다. 법령 및 지침에서 협약체결의 내용, 총사업비 산정, 민간 참여자 이윤율 상한, 조성 토지 직접 사용 비율 등 주요 사항에 관해서 규정하고 있으나, 법 부칙 개정(2023.7.18. 시행)으로 민간 참여자 재공모는 3년간 유예하였다. 그러나 협약 승인 및 이윤율 제한(총사업비의 10%)에 관해서는 현행 법령 유지되어, 공공시행자와 민간 참여자 간 책임과 의무, 협약의 변경과 해지 등에 대한 내실 있는 검토를 위한 승인 절차 강화가 필요하다는 것이다.

이에 따라 도청에서는 가이드라인을 다음과 같이 마련하였다.

〈 민·관 공동 도시개발사업 협약 승인 업무 추진 절차 〉

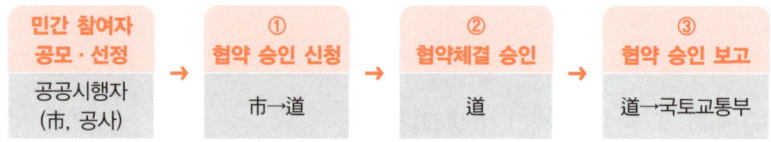

* 협약 승인 절차 설명자료(○○도, 2023.7.21.)

세부 추진 방안으로는 ①시장·군수 등 기초지방자치단체는 협약 승인 신청 시, 신청 서류와 근거자료의 적정성 등을 확인하고 체크리스트를 함께 제출한다. 확인 과정에서 필요한 경우, 시·군 자체 외부 전문가의 검증을 통해 사업협약에 대한 전문성과 안정성을 도모해야 한다.

②공공성 및 절차적 투명성 확보를 위해 시장·군수의 협약 승인 신청(안)에 대해서 「○○도 도시계획위원회」 자문 절차를 거쳐 승인 처리한다.

③동시에 국토교통부에 보고하여 위법하거나 보완 내용이 없을 경우에 승인 처리한다. 협약체결 승인 신청 시 내용에 대한 사전 체크리스트는 다음과 같다.

〈 협약체결 승인신청 체크리스트 〉

검토 기준	제출 서류	확인 결과
· 도시개발법 제11조의2, 시행령 제25조의3, 지침 1-7-6.(2) 규정에 의한 협약체결내용의 적정성 · 사업명, 위치, 면적, 기간 등 사업의 범위와 규모의 적정성 · 공공시행자와 민간참여자 간역할 분담 및 책임과 의무의 적정성 · 총사업비 및 자급조달계획의 적정성 (자기자본비율과 타인자본 비용율 포함) · 출자자 간 비용분담 및 손익배분의 적정성 · 민간참여자의 이윤율의 적정성 　- 총사업비의 10퍼센트 이하	· 공공시행자와 민간참여자의 법인설립 전 협약체결의 지정권자 승인을 위한 협약내용 제출 · 사업명, 위치, 면적, 기간 등 사업의 범위와 규모에 관한 사항 · 공공시행자와 민간참여자 간역할 분담 및 책임과 의무에 관한 사항 · 총사업비 및 자급조달계획에 관한 사항(자기자본비육과 타인자본 비용율 포함) · 출자자 간 비용분담 및 손익배분에 관한 사항 · 민간참여자의 이윤율에 관한 사항	· 적정

검토 기준	제출 서류	확인 결과
· 공동출자법인의 설립 및 해산에 관한 사항의 적정성 · 조성공사 시공권에 관한 사항의 적정성 (조성공사의 설계금액 대비 시공금액의 비율 포함) · 조성 토지 등의 공급 · 처분 · 직접사용에 관한 사항의 적정성 · 개발이익 재투자의 적정성 · 사업완료 후 사후처리방안에 관한 사항(미분양 토지 처분방안 포함) · 시설물 등의 이관 및 사후관리의 적정성 · 이주대책 및 생활대책의 적정성 · 협약의 변경과 해지 사항의 적정성 · 그 밖에 사업시행과 구역 여건에 따라 별도 협약이 필요한 사항의 적정성	· 공동출자법인의 설립 및 해산에 관한 사항 · 조성공사 시공권에 관한 사항(조성공사의 설계금액 대비 시공금액의 비율 포함) · 조성 토지 등의 공급 · 처분 · 직접사용에 관한 사항 · 개발이익 재투자에 관한 사항 · 사업완료 후 사후처리방안에 관한 사항(미분양 토지 처분방안 포함) · 시설물 등의 이관 및 사후관리에 관한 사항 · 이주대책 및 생활대책에 관한 사항 · 협약의 변경과 해지에 관한 사항 · 그 밖에 사업시행과 구역 여건에 따라 별도 협약이 필요한 사항	

* 협약승인 절차 설명자료(○○도, 2023.7.21.)

　수정입법에서 공공시행자가 민간 참여자와 공동 출자법인을 설립하려면(이하 민·관 공동 도시개발사업) 공공시행자가 시행령과 지침에 따라 공모의 방식으로 민간참여자를 선정해야 한다.

　공모의 방식은 사업계획을 전국에 보급되는 일간신문과 공공시행자의 인터넷 홈페이지에 공고하고, 심의위원회를 통하여 우선협상대상자를 선정하고, 민간참여자와 법인을 설립하기 전에 사업시행을 위한 협약을 체결하여야 한다.

　이때 협약 내용에 대하여 도시개발구역 지정권자의 승인과 국토교통부장관의 보고가 필요하다.

　사업계획을 통해 민간참여자의 이윤을 제한하고, 협약내용 승인을 통해 출자자 간 비용 분담 및 수익 배분에 관한 사항, 도시개발사업으로 조성된 토지·건축물 또는 공작물 등의 공급에 관한 사항, 이윤에 대해 재투자하는 계획 등에 대해 다시 한 번 검증하게 된다.

또한 공공시행자는 특혜시비를 없애기 위해 공고 시 사업계획에 민간참여자 선정을 위한 평가 항목 및 기준을 마련하고 선정위원회 평가를 통해 우선협상대상자를 선정해야 한다.

도시개발사업에서 사업시행자는 공공기관, 정부출연기관, 지방공사 등 공공시행자 이외 토지소유자, 공공시행자와 민간참여자가 설립한 법인이다.

하지만 도시개발법 개정으로 민간참여자는 이윤제한, 협약내용 등에 대한 검증 등으로 진입장벽은 높아진 반면, 사업성은 낮아져 민·관 공동 도시개발사업의 추진 동력을 상실할 것으로 예상된다.

특히, 조성 토지의 공급계획을 민간 참여자의 지분으로 제한하여 사업성이 상대적으로 높은 주거 용지나 상업용지의 선 확보가 어려워져 민간 참여자의 참여가 낮아질 것으로 예상한다.

그리고 도시개발법 개정안은 협약 내용에 대한 승인권자의 승인, 국토교통부 장관의 보고 등 세부적인 절차를 마련하지 못했다.

일례로 도시개발법 개정 후 재공모한 사업의 경쟁률이 1:4에서 1:1로 뚝 떨어진 바 있다. 이른바 '대장동 방지법'으로 민간사업자에게 수익률 제한이 생겼고 불경기에 입주사를 유치하지 못하면 담보와 신용 공여를 제공해야 하는 조건이 발목을 잡았음을 보여준다.

도시개발사업의 목적은 '도시개발에 필요한 사항을 규정하여 계획적이고 체계적인 도시개발을 도모하고 쾌적한 도시환경의 조성과 공공복리의 증진에 이바지함을 목적으로 한다.'라고 했다.

민·관 공동 도시개발사업은 공공시행자의 힘만으로는 위의 목적 달성에 한계가 있어 민간 참여자를 통해 창의적이고 효율적인 도시개발사업을 시행하고자 하는 방식이다. 그러나 부동산 이슈에 따라 급하게 개정된 법은 기존의 민·관 공동 도시개발사업과 예정된 도시개발사업의 추진에 혼란을 초래하였다.

수정 입법으로 기존 민·관 공동 도시개발사업을 재추진할 수 있었지만 수정 입법의 제안 목적이 개정된 법에서 기존 선정된 민간 참여자의 유효기한을 3년 유예해 준 것이다. 그러나 이미 협약체결 후 설립된 법인도 협약 내용에 대해 지정권자의 승인을 받도록 하여 이러한 기간을 고려하면 3년이라는 유예기간도 부족한 것이 실정이다.

도시개발법 개정으로 민간 특혜시비는 어느 정도 개선하고, 수정 입법으로 기존 민·관 공동 도시개발사업을 재추진할 수 있었지만 민간 참여자의 진입장벽은 더욱 높아지고 사업성 확보 요인은 낮아져 민·관 공동 도시개발사업에서 민간 참여자의 참여는 낮아질 것으로 예상한다.

특히, 민간참여자는 조성 토지 공급계획에서 직접 건축물을 건축하여 사용하거나 공급하려고 계획한 토지 즉, 2차 사업계획이 있는 토지는 전체 조성 토지 중 해당 민간 참여자의 출자 지분 범위에서만 포함할 수 있다. 이로써 부지조성 공사 등 1차 사업에서의 사업 이익률 한계(민간 참여자 총투자비의 10% 이내)를 2차 사업에서도 충당이 어려운 조건이다.

따라서 민간참여자는 재원 조달 등 투자비를 전액 부담하면서도 1차 사업, 2차 사업의 이익을 제한받아 사업성에 대한 허들이 추가되었다.

향후에는 민간 참여자 선정 과정에서 협약 내용에 대한 검증 절차의 효율적 개선 및 조성 토지공급의 제한 요건 완화 등 사업성 확보 방안 마련 등 개정안의 미비점을 보완하고 민간 참여자 참여율을 높이는 방향으로 법령이나 시행령, 지침의 재검토가 필요하다.

2. 외면당하는 부동산개발업 육성, 쌓여가는 법적 규제

2.1 미등록 부동산개발사업과 소비자 피해

"위법행위 적발 시 과태료 행정처분 등 강력 조치로 도민 재산권 보호"

위 글은 제주도가 도내 부동산개발업 등록업체 30곳을 대상으로 실태조사를 서면조사로 진행하겠다고 2022년 11월 SNS를 통해서 홍보한 것이다. 이를 통해 자본금, 임원, 전문 인력 확보 등 법상 등록 요건 및 기재 사항 기간 내 변경 신구 여부, 사업실적 미신고 등을 중점 조사하고, 위법행위가 적발될 시 시정조치 및 과태료 부과,

영업정지 등 행정처분을 내려 도민의 재산권 보호와 개발시장의 투명성을 보장한다고 했다.

또한 관련 법 개정으로 2022년 8월 11일부터 시행된 부동산개발업 전문 인력 연수 교육제도에 대한 홍보도 병행한다고 하면서 부동산개발업법 제5조 제2항에 따라 부동산개발 전문 인력으로 계속 종사하려는 경우에는 사전교육을 이수한 날부터 3년마다 연수 교육을 받아야 한다는 내용이다.

"부동산개발업 등록을 준비 중인데 사전교육을 꼭 이수해야 하나요? 전문 인력 2명 구하기도 힘든데 사전교육까지 받으라니." 국민신문고를 통해 최근까지도 질의하고 있는 사항을 발췌해 보았다. 이처럼 부동산개발사업 등록제를 기본으로 하는 '부동산개발업의 관리 및 육성에 관한 법률(이하 부동산개발업법)'은 2007년 5월 제정되었지만, 현재까지도 그 내용에 대해서 적용 여부에 혼선을 빚고 있다.

2006년은 부동산개발업이 활성화되는 반면, 부동산개발업에 대한 법적 정의가 되지 않은 상태였다. 도시개발법, 택지개발촉진법, 주택법[1] 등에서 각각 달리 규정되어 있었다.

주택건설업자, 국가·지방자치단체 등 공공시행자, 도시개발법 등에

---

[1] "도시개발사업"이란 도시개발구역에서 주거, 상업, 산업, 유통, 정보통신, 생태, 문화, 보건 및 복지 등의 기능이 있는 단지 또는 시가지를 조성하기 위하여 시행하는 사업. "택지 개발 사업"이란 일단(一團)의 토지를 활용하여 주택건설 및 주거생활이 가능한 택지를 조성하는 사업. "사업 주체"란 주택건설 사업계획 또는 대지조성 사업계획의 승인을 받아 그 사업을 시행하는 다음 각 목의 자.

따른 시행자 이외의 부동산개발업을 영위하는 경우 법적 등록 사항이 없었다.

부동산개발업자는 개발행위를 통해 수요자에게 부동산을 공급하는 사업의 주체지만, 제도적으로는 『주택법』상 주택건설사업자의 등록제 등을 제외하고는 부동산개발업에 대한 관리제도가 없어 자본금 5천만 원만 있으면 '부동산개발·임대' 등의 업종으로 주식회사를 설립하여 영업활동을 할 수 있어 영세하고 전문성이 부족한 부동산개발업자가 난립하고 있었다.

따라서 소비자에게 허위·과장된 사실을 알리거나 기만적 방법을 사용하여 타인으로 하여 부동산을 공급받도록 유인하는 사례, 부동산개발에 대한 허위의 정보를 불특정한 여러 사람에게 유포하는 사례, 소비자의 반대 의사에도 불구하고 전화·컴퓨터 통신(2007년 이전)을 통하여 부동산을 공급받을 것을 권유하는 사례가 빈번하게 발생하였다.

1997년 외환위기 이전에 부동산개발업 사업추진은 종합건설업체가 시행과 시공을 모두 수행하는 구조였다. 1997년 후에는 기업의 재무 건전성 확보, 리스크 관리 등을 요구하는 정부 정책, 금융권 등의 변화에 따라 종합건설업체가 모 기업에서 개발 사업 부문을 분리하여 설립한 시행사를 통해 신규 개발 사업을 추진하면서부터 시행사가 시작하였다(부동산개발법 정부 제출안 검토보고서, 2007.4.).

이후에는 시공(종합건설업체), 재원 조달(금융사)을 제외한 기획 업무,

부지매입과 인허가 취득, 분양 업무 등은 시행사·분양대행사 등이 하는 형태로 분업화되었다.

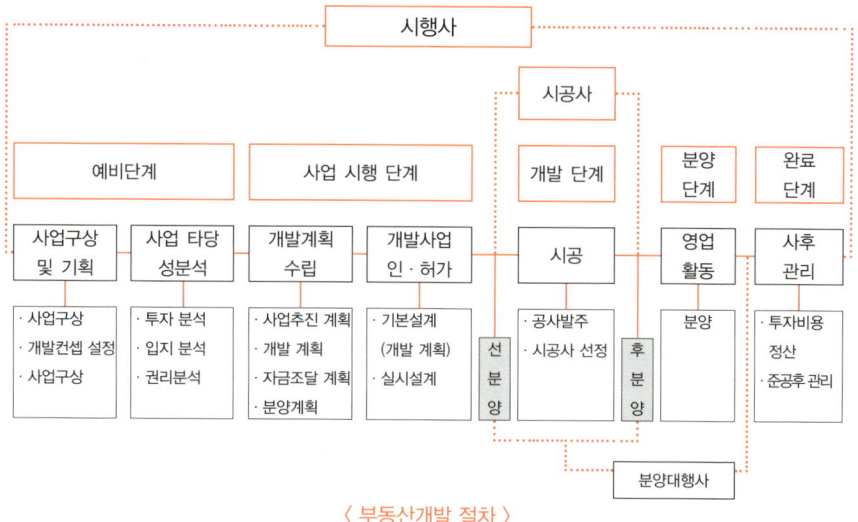

〈 부동산개발 절차 〉

* 부동산개발업법 정부제출안 검토보고서(2007.4.)

재원조달 방식은 주택건설사업(건설시공)의 기업여신 또는 시공보증을 통한 재원조달과는 다르게 별도 기준이나 근거마련 없이 제2금융권 부동산 담보 대출을 통한 토지취득이 주로 이루어졌다.

이때 프로젝트 파이낸싱(이하 PF)이라는 재원 조달 방식이 도입되고 확대되었다. 하지만 중소규모의 부동산개발업에 있어서 개발사업 주체들은 대부분 규모가 작고 신용등급이 낮아 이를 보강하기 위하여 시공사(건설회사)가 금융기관에 지급 보증과 채무 인수, 책임 분양 등 다양한 형태의 보장을 해줘야 재원 조달이 이루어지는 등 PF의 한

계점이 드러났다.

부동산의 건설 및 분양 완료까지 PF가 이루어지는 것이 아니고 초기 단계인 선 분양 시점까지만 금융지원이 되는 구조였다. 이에 따라 재원 조달 위험을 분산하기 위해 부동산 과대광고 표시를 통한 마케팅을 하고 이로 인한 더 많은 소비자 피해가 발생하게 되었다.

제도적 측면에서도 당시에는 부동산개발업의 정의가 확립되어 있지 못했다. 주택건설이나 대지조성 사업을 부동산개발사업이라 통칭하고 있었고 정부 정책은 부동산 시장 안정화 목적으로 대규모 택지개발이나 공공주택공급 위주로 이루어져 공공주도 부동산개발사업을 추진하는 구조였다.

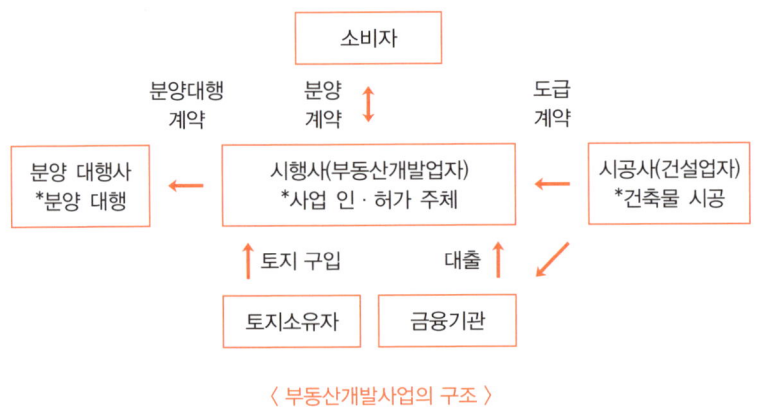

〈 부동산개발사업의 구조 〉

토지조성 후 시공, 준공 등과 같은 체계적인 개발행위를 통해 부동산을 공급하는 개발업자와 기획부동산·부동산매매업자·부동산컨설

팅 등 다양한 형태의 개발사업 참여자를 구별하기 어려웠다. 기획이나 재원조달 능력이 부족한 시행사들의 토지 확보를 위한 경쟁과 시공사의 브랜드나 지급보증에 의존하는 개발사업구조로 인하여 오히려 분양가가 상승한다는 지적도 있었다. 테마상업시설·오피스텔 등의 사업 시행과정에서 사기분양·허위광고로 소비자가 피해를 보는 사례도 발생하는 실정이었다.

이로써 부동산개발업자에 대한 일정한 자격이 부여되는 새로운 법적 장치, 즉 부동산개발업 등록제와 같은 부동산개발업에 대한 관리제도를 도입의 필요성이 정부(건설교통부)를 통해 나왔다. 일정한 기준에 미달하는 사업자의 부동산개발을 제한하고 부동산개발업자가 등록사실이나 부동산개발에 관해 필요한 정보를 소비자에게 제공하도록 의무화함으로써 건전한 개발업자와 기획부동산과 같은 부실개발업자를 구별할 수 있도록 하자는 것이다.

2006년 7월 25일 건설교통부 산하 연구기관인 국토연구원 주관으로 개최한 '부동산개발업 관리 및 육성방안에 대한 공청회'에서 관련 업계와 학계, 시민단체 등의 의견을 수렴한 내용을 살펴보면 정부 입법 추진 방향을 가늠해 볼 수 있었다.

국토연구원에서는 부동산개발업의 등록 대상을 '일정 규모의 영리를 목적으로 부동산개발을 수행하는 업'이라 규정하였다. 그리고 관련 업계와 학계에서는 소비자를 보호하는 규제강화보다는 건전한 부동산개발시장 육성'과 균형이 필요하다는 것을 제안하였다.

하지만 2007년 5월 정부 입법으로 자본금·시설·인력 등의 자격을 갖춘 부동산개발업자만이 일정 규모 이상의 개발사업을 시행할 수 있도록 하는 등, 규제강화를 주요내용으로 하는 부동산개발업법을 제정하여 공포했다. 2021년 8월에는 등록 관련 필수사항인 전문 인력 교육의 지속적인 갱신 필요 등 등록기준 강화 방향으로 개정하였다.

2.2 부동산개발업 등록유지와 의무 연수 교육

* 2007.5. 부동산개발업의 관리 및 육성에 관한 법률 제정
* 2021.8. 부동산개발업의 관리 및 육성에 관한 법률 개정

'부동산개발업의 관리 및 육성에 관한 법률'은 2007년 5월 제정되어 부동산개발업 등록제 등을 주요내용으로 한다. 이는 부동산개발업을 별도로 정의하여 건설업과 주택건설업과는 별개의 업종으로 관리하고 부동산개발업 등록제 도입을 통해 개발사업과 관련하여 불법, 편법, 과대광고, 투기 등으로 인해 경제 활동에 미치는 부정적 외부효과를 최소화하고 실수요자를 보호할 목적이었다.

기존 주택건설업자에 대한 등록제를 도입하고 있는 주택법을 인용하여 부동산개발업 등록을 의무화하였으나, 입법과정에서 자본금·시설·부동산개발 전문 인력 등 등록요건을 세분화하였다.

〈 주택법에 의한 주택건설사업의 등록기준 〉

구분	규모			자본금	등록권자	기술 인력	
	단독 주택	공동 주택	면적			주택 건설	대지 조성
내용	20호 이상	20세대 이상	1만㎡ 이상	3억 원 이상 (개인 자산평가액 6억 원 이상)	국토교통부 장관	건축분야 기술인 1명 이상	토목분야 기술인 1명 이상

 2006년 12월 27일 정부는 제안한 법률 제정안의 필요성을 다음과 같이 설명하였다.

> 부동산개발과 부동산개발업에 대하여 체계적으로 확립된 제도가 없어 토지조성이나 건축물 건축 등과 같은 실질적인 개발행위를 통해 부동산을 공급하는 개발업자와 기획부동산·부동산매매업자·부동산컨설팅 등 다양한 형태의 개발사업 참여자를 구별하기 어렵고, 영세한 시행사들의 토지 확보를 위한 출혈 경쟁과 개발업자가 시공사의 브랜드나 지급보증에 의존하는 개발사업구조로 인하여 오히려 분양가가 상승한다는 지적이 있으며, 테마(Thema) 상업시설·오피스텔 등의 사업 시행과정에서 사기분양·허위광고로 다수의 소비자가 피해를 보는 사례도 발생하고 있는 실정이다.
> 부동산개발업 등록제와 같은 부동산개발업에 대한 종합적·체계적 관리제도를 도입하여 일정한 기준에 미달하는 사업자의 부동산개발을 제한하고, 부동산개발업자가 등록사실이나 부동산개발에 관하여 필요한 정보를 소비자에게 제공하도록 의무화함으로써 소비자 스스로 건전한 개발업자와 기획부동산과 같은 부실개발업자를 구별할 수 있도록 하는 것이 필요하며, 정부가 부동산개발업에 관한 정보망을 구축하여 개발업자의 사업실적 등 사업자에 관한 정보를 관리하

> 고, 필요한 정보를 소비자에게 제공함으로써 부동산시장의 정보 왜곡 방지 및 개발업자간 건전한 경쟁을 유도하고 부동산개발 시장의 투명성을 높이는 등 부동산개발업의 건전한 발전을 위한 제도적 기반을 마련할 필요가 있다.

즉, 부동산개발업을 토지를 택지·공장용지·상업용지 등으로 조성하거나 건물 그 밖의 공작물을 건축하여 해당 부동산을 판매·임대 등으로 공급하는 업으로 정의하고 주요 문제점을 들어 부동산개발업자를 관리·육성할 수 있는 제도가 필요하다는 내용이다.

정부의 입법 제안 검토보고서(2007.4.)에 따르면 제정안에서 부동산개발 및 부동산개발업 등을 다음과 같이 정의하였다.

> 법률 제정안에서는 타인에게 공급할 목적으로 건설공사 또는 형질변경의 방법으로 토지를 조성하거나 건축물 그 밖의 공작물을 건축·대수선·리모델링·용도변경 등의 행위를 통하여 당해 부동산(부동산의 이용권 포함)의 전부 또는 일부를 판매하거나 임대하는 행위(다만, 시공을 담당하는 행위는 제외)를 "부동산개발"이라 하고, 부동산개발을 수행하는 업을 "부동산개발업"으로, 부동산개발을 업으로 영위하는 자를 "부동산개발업자"로 각각 정의하고 있다.

부동산개발은 개발주체·개발형태·개발내용에 따라 분류할 수 있으며 개발주체에 따라 공적주체, 사적주체, 제3섹터(민관합동개발)로, 개발형태에 따라 유형적 개발, 무형적 개발, 복합적 개발로, 개발내용에 따라 조성에 의한 개량, 건축에 의한 개량으로 구분하고 있다.

〈 부동산 개발의 분류 〉

구 분		내 용
개발주체	공적주체	국가나 지자체 등 공익추구 목적의 개발
	사적주체	토지소유자(개인, 조합)나 기업 등의 사익추구 개발
	제3섹터	공적주체와 사적주체의 공동개발(민·관공동출자기업)
개발형태	유형적 개발	지표나 지하에서의 건축, 토목 등과 같이 직접적으로 토지의 물리적 변형을 초래하는 행위
	무형적 개발	용도지역·지구의 지정·변경 등 토지의 물리적 변형은 초래하지 않으나 이용상태를 변경하는 행위
	복합적 개발	택지개발사업, 도시개발사업 등 토지의 유형적·무형적 개발 행위가 동시에 이루어지는 행위
개발내용	조성에 의한 개량	택지개발사업 등 토지 자체를 개량하는 행위
	건축에 의한 개량	토지 위에 주택이나 빌딩 등 건물을 건축하는 행위

* 부동산개발업법 제정안 심사보고서(건설교통위원회, 2007.4.)

제정안에서는 타인에게 공급할 목적으로 건설공사 또는 형질변경의 방법으로 토지를 조성[2]하거나 건축물[3] 그 밖의 공작물[4]을 건축·대수선·리모델링·용도변경 등의 행위(다만, 시공을 담당하는 행위는 제외)를 통하여 당해 부동산(부동산의 이용권 포함)의 전부 또는 일부를 판매하거

[2] 토지의 형질변경 : 절토·성토·정지·포장 등의 방법으로 토지의 형상을 변경하는 행위와 공유수면의 매립(경작을 위한 토지의 형질변경을 제외함)
[3] 건축물의 건축 : 「건축법」 제2조제1항제2호의 규정에 의한 건축물의 건축
[4] 공작물의 설치 : 인공을 가하여 제작한 시설물(「건축법」 제2조제1항제2호의 규정에 의한 건축물을 제외한다)의 설치(민법상 부동산은 토지와 그 정착물을 말하고, 정착물에는 건물과 교량, 돌담, 옹벽, 굴뚝, 광고탑 등이 포함됨)

나 임대하는 행위를 "부동산개발"로 정의하고 있다.

이는 사적주체 또는 제3섹터가 개발주체가 되어 영업행위를 목적으로 유·무형적 또는 복합적 개발을 통하여 토지를 조성하거나 건축하는 행위 등을 부동산개발로 규정하고자 하는 취지다. 제정안 제안 전에 개별 법률에 흩어져 있는 개발행위와 관련한 토지의 형질변경과 건축물의 건축행위를 부동산개발의 범주에 포함하여 부동산개발업의 영역을 명확하게 규정할 수 있었다.

제정안은 부동산개발업 등록제를 도입하기 위해 대통령령으로 정하는 규모 이상의 부동산개발을 업으로 영위하려는 자는 건설교통부장관에게 등록하도록 하고, 등록기준이 되는 자본금(개인인 경우 영업용자산평가액)·시설·부동산개발 전문 인력과 등록절차 그 밖의 필요한 사항은 대통령령으로 정하도록 하되, 개발주체가 국가 또는 지방자치단체 등인 경우에는 등록대상에서 제외하도록 하였다.

> **〈 등록대상이 되는 개발사업의 규모와 자본금 〉**
>
> · 등록대상 : 건축물의 연면적이 2,000㎡ 이상(연간 5,000㎡ 이상), 토지의 경우 3,000㎡ 이상(연간 10,000㎡ 이상)으로서 대통령령으로 정하는 규모 이상
> · 자본금 : 5억 원 이상으로 대통령령으로 정하는 금액 이상

개발사업을 하는 데 필요한 자본금은 2006년 당시 건설업과 주택

건설사업자 등록기준, 부지확보비용(계약금)과 운영비용 등을 비교 검토하여 5억 원 이상이 적절한 것[5]으로 제안하였다.

〈 주택법, 건설산업기본법상 등록기준과의 비교 〉

구분		부동산개발업 법안	건설산업기본법			주택법
			건축	토목	토목건축	주택건설사업
법인	자본금	5억	5억	7억	12억	3억
개인	영업용자산	10억	10억	14억	24억	6억

* 부동산개발업법 제정안 심사보고서(건설교통위원회, 2007.4.)

다음으로 제정안에서는 부동산개발 전문 인력의 범위와 교육관련 조항을 신설하고 부동산개발업자의 등록요건 사항 중 부동산개발 전문 인력이 갖추어야 할 자격요건을 설정하고, 전문 인력은 부동산개발업 등록 전에 필요한 사전교육을 이수하도록 하였다.

제정안 이전에 부동산개발업체 수는 2005년 기준 4,095개, 약 6만 명의 종사자 수가 있었다. 이후 3~4년간 부동산 경기가 활성화되면서 부동산등록을 위한 부동산 개발 전문 인력의 추가 확보는 필요할 것으로 보았다.

---

[5] 2011년 5월 법 개정으로 등록자본금 3억 원 이상, 영업용자산평가액은 6억 원으로 완화됨

(단위: 개, 명)

<부동산개발업의 현황>

구분 연도	부동산공급업(주거용제외)		비주거용건물건설업		계	
	사업체 수	종사자 수	사업체 수	종사자 수	사업체 수	종사자 수
2000	269	3,783	1,812	38,863	2,081	42,646
2004	725	9,675	2,740	50,242	3,465	59,917
2005	841	11,046	3,254	51,338	4,095	62,384

* 비주거용 건물공급업 : 직접 건설이 아닌 건설업체에 의뢰하여 비주거용 건물을 건설하고 이를 분양·판매하는 산업 활동
* 비주거용 건물건설업 : 상업용, 공업용 건물 등의 비주거용 건물을 직접 건설하는 산업 활동 (도급포함)
* 사업체기초통계조사보고서(통계청), 건설교통통계연보(건교부,2006),주택업무편람(건설교통부, 2006.8.)

부동산개발 전문 인력의 범위에 대해서는 ① 변호사·공인회계사·감정평가사·공인중개사 등 전문자격사, ② 부동산 관련분야의 학사학위 이상의 소지자로서 부동산의 취득·처분·관리·개발 또는 관련 업무에 종사한 자 등 학력과 경력 소유자, ③「건설기술관리법」제2조 제8호에 따른 건설기술자, ④ 그 밖에 부동산개발에 필요한 전문성이 있다고 인정되는 자로서 대통령령으로 정하는 자로 제한하고, 동시에 대통령령으로 정하는 해당분야 경력기간 등 일정한 요건을 갖춘 자를 부동산개발 전문 인력으로 규정하였다.

다만, 부동산개발사업을 위해 설립한 특수목적법인(Paper Company)[6]의 경우 상근 임·직원(이 경우 부동산개발 전문 인력 등)을 보유할 수 없어

[6]「부동산투자회사법」에 따른 위탁관리부동산투자회사, 「간접투자자산 운용업법」에 따른 회사형 부동산 간접투자기구, 「법인세법」에 따른 PFV 등

등록사업자가 되지 못하는 문제점이 있었다.

또한 부동산개발업 등록자는 등록 전에 부동산개발 전문 인력에 대한 사전교육을 이수하도록 의무화하고 있었다.

이외에도 부동산개발업 등록사업자가 아닌 자는 이 법에 따른 등록사업자임을 표시·광고하거나 등록사업자로 오인될 우려가 있는 표시·광고를 하지 못하도록 했다. 만일 등록사업자가 부동산개발에 관하여 표시·광고를 하는 때에는 이 법에 따라 등록한 사실 그밖에 소비자 보호를 위하여 필요한 사항을 표시·광고하도록 한다.

입법 당시 정부(건설교통부장관)는 위 표시·광고가 이 법을 위반했는지 여부에 대한 판단이 필요한 경우 관계 행정기관의 장 등에게 필요한 조사를 의뢰하거나 필요한 조사를 요청할 수 있도록 하였다.

재정안은 2007년 5월 규제 강화 또는 확대로 수정 가결하여 공포되었다. 입법과정에서 법안심사소위와 전체회의를 거치며 부동산개발업의 등록 규모의 세분화와 자본금, 전문 인력 확보 등록기준 강화, 등록사업자 보고의무, 업의 임원 및 부동산개발전문 인력 변경 등으로 확대되었다.

2021년 8월 공포한 부동산개발업법 일부 개정 법률안(이하 개정안)은 기존 부동산개발 전문 인력이 최초 사전교육을 이수하면 인정되는 것을 일정기간 갱신하는 것을 주요내용으로 개정하였다.

개정안에서는 의원 검토보고서(2021.3.)를 통해서 부동산개발업법 일부 개정안 제안이유를 연수교육제도 신설과 부동산 개발 등록업자 위반행위 처벌 강화내용으로 구분하여 다음과 같이 설명하였다.

> 부동산개발 전문 인력은 지정된 교육기관에서 최초 사전교육을 이수하면 부동산개발 전문 인력으로 인정되고 그 이후별도 시행하는 교육제도가 없다.
>
> 그런데 공인중개사나 감정평가사, 건설기술인 등 부동산 및 건설 관련 자격제도는 최초 교육이후 2~5년경과 시마다 재교육을 실시하고 있는 반면, 제도 및 시장 환경 변화에 민감한 부동산개발 분야의 전문 인력은 최초 1회에 국한된 교육을 실시하고 있어 급변하는 환경변화에 적응하기 어려운 문제가 있다.
>
> 부동산개발 전문 인력의 전문성을 제고하고 빈번하게 문제가 발생하고 있는 윤리분야에 대한 주기적인 재교육 필요성도 절실한 만큼 부동산개발 전문 인력의 연수교육에 관한 사항을 제도에 반영하여 부동산개발업의 육성과 건전한 발전을 도모하고자 기존 법을 일부 개정한다.
>
> 기존 법령은 부동산개발 등록사업자가 위반행위를 한 경우 영업정지 처분을 시행하고 있으나 영업정지 처분에 갈음하는 과징금 제도는 없다.
>
> 영업정지 사유가 안전·환경 등 국민생명 보호와 직접적인 관계가 없고 사업자에게 과도한 부담을 주는 경우 대체과징금 제도 도입의 필요성이 제기되어, 부동산개발 등록사업자의 영업정지 처분에 갈음하여 대체과징제도를 도입하려는 것이다.

> **[부동산개발업법] 개정안 일부**
> 1. 부동산개발 전문 인력 연수 교육 개정
>   - 부동산개발 전문 인력은 3년마다 연수교육을 받아야 한다.
>   - 사전교육 3년 경과 후 다시 등록사업자와 근무하는 경우 3개월 이내 연수 교육 의무가 있다.(단 연수교육 이수 1년 이내 제외)
>   - 위반 시 500만 원 이하 과태료를 부과한다.
> 2. 부동산개발 등록사업자 위반행위 과징금 추가
>   - 영업정지 처분에 갈음하는 대체과징금 제도를 도입한다.
>   - 영업정지 사유가 안전·환경 등 국민생명 보호와 직접적인 관계가 없고 사업자에게 과도한 부담을 주는 경우에 한한다.

개정안은 부동산개발 전문 인력이 되려는 자는 사전교육을 이수한 날부터 3년마다 연수교육을 받도록 하고, 사전교육을 이수한 날부터 3년이 지난 후에 다시 등록사업자와 근무하는 경우에는 3개월 이내에 연수교육을 받도록 하며, 이를 위반하여 정당한 사유 없이 연수교육을 받지 아니한 자에게는 500만 원 이하의 과태료를 부과하는 내용이다.

먼저 부동산개발 전문 인력과 관련하여 기존의 부동산개발법업에는 최초 사전교육 외에는 전문 인력에 대한 별도의 교육제도가 없어, 전문 인력이 부동산개발 분야의 제도 및 시장 환경 변화에 유연하고 전문적으로 대응하기 어렵다는 이유로 개정안은 전문 인력이 사전교육을 이수한 날부터 3년마다 주기적으로 연수교육을 받도록 하여 전문 인력의 자질을 향상시키고 전문성을 유지할 수 있도록 하려는 것이다.

〈 기존 부동산개발 전문 인력 인정절차 〉

전문 인력의 기본자격	사전교육 이수	부동산개발 전문인력 인정
변호사(2년), 회계사·감평사·중개사(3년), 은행(10년), 학위자(개발관련 경력 3년), 건축사, 고급건설기술인 등	총 60시간 = 공통과목(27h) + 선택과목(33h)	

다만, 전문 인력이 현재 해당 업무에 종사하고 있는지 여부와는 관계없이 연수교육을 받아야 하는 것처럼 해석될 우려가 있어 입법과정에서 전문 인력으로 계속해서 종사하고자 하는 경우에만 3년마다 연수교육을 받도록 수정되었다.

다음으로 부동산개발업법 제24조제1항에 따라 등록사업자에게 영업정지를 명하여야 하는 경우로서 해당 사업의 이용자 등에게 심한 불편을 주는 경우에는 영업정지 처분에 갈음하여 1억 원 이하의 과징금을 부과할 수 있도록 하였다.

입법과정에서 투자자·분양자 등 이해관계자가 있어 영업정지 처분에 과징금을 부과하는 것이 소비자 보호에 저해되는 경우에는 과징금을 부과할 수 없도록 명확히 하는 것이 필요하다는 의견으로, 영업정지 처분에 갈음하여 과징금을 부과하는 것이 오히려 소비자 피해를 증가시킬 우려가 있는 경우에는 대체과징금을 부과할 수 없도록 수정되었다.

부동산개발업법은 제정 당시 부동산개발업 체계적와 육성에 목적을 두고 있었다. 하지만, 2011년 5월 일부 개정된 법에서 육성하는 방향으로 몇 가지 개정된 것을 제외하면 대부분 부동산개발업 등록 요건 강화, 부동산개발 전문 인력 사전교육 이외 연수 교육 이수 등 강화, 부동산개발업자의 실태조사 강화, 부동산개발업의 종합관리 강화, 위반행위 조사 및 시정조치 강화, 과징금 강화, 부동산개발업의 등록취소 조건 강화 등 관리강화에 중점을 두고 법이 개정되고 있는 것이 사실이다.

　부동산개발업은 국가, 지방자치단체, 공공기관, 지방공사, 주택건설업자 등이 개발, 공급하는 공동주택 이외에 상업 시설, 오피스텔 등을 개발하고 공급하고 있다. 국가 주도의 대규모 공동주택 공급과는 다르게 중소규모 부동산개발업의 공급 활성화도 부동산 시장의 안정화 측면에서 필요하다. 따라서 부동산개발업 관리강화에 균형을 맞추어 규제 완화를 통한 부동산개발업의 육성을 제도화 해야 한다.

3. 부동산시장 활성화를 위한 보금자리지구 해제, 과연 효과는 어땠을까

3.1 부동산 시장 악화로 인한 광명·시흥 보금자리 지구 해제

2014년 5월 국토교통부는 "주택매매 거래량은 7.8만 건으로 전년 같은 달보다 13.7% 감소하였고 전월 대비로는 16.1% 감소"라는 보도 자료를 배포하였다. 2014년 이전까지 부동산 시장에서 민간 소비의 증가세가 미미한 수준이고, 설비투자 증가세 둔화로 전반적인 경제 성장세는 미약한 수준이며 건설투자의 증가율은 2013년 2/4분기 이후 계속 적으로 둔화하고 있었다. (한국감정원 부동산시장분석 보고서, 통권 1호, 2015.2.)

2008년 금융위기 이후로 글로벌 금융위기 이후 침체국면을 지속하던 주택시장은 수도권 집값이 내림세로 반전되고 거래량도 감소하는 등 주택시장의 불확실성이 점차 커지고 있었다.

따라서 당시 정부는 부동산 시장 침체와 하우스푸어 문제를 해결하기 위해 부동산 시장을 활성화하자는 취지로 9.1 부동산 대책을 발표(2014.9.1.)하였다. 9.1 부동산 대책의 주요 내용은 신도시 개발 중단, 재건축 안전진단 기준 합리화, 1주택자 청약 자격 완화, 디딤돌 대출금리 인하(2.8%→2.6%)였다. 특히, 공공분양주택인 보금자리주택의 공급 규모를 대폭 축소하는 것으로 2017년 말까지 LH가 추가적인 택지 지정을 하지 않기로 하고 노원, 강서 개발 및 1기 신도시 개발의 요체였던 '택지개발촉진법'을 폐지하는 내용을 담았다. 보금자리주택 등 대규모 개발 사업으로 인한 공급과잉 우려가 주원인으로, 공급과잉 우려가 해소되지 않는 한 세제·금융지원 등 수요대책의 효과는 한계가 있다고 판단했다.

여기에는 2013년 4월 1일 부동산 대책(4.1부동산 대책)에서 분양형 보금자리주택 70만 호 공급계획이 단숨에 20만 호 공급계획으로 축소하는 내용과 연계된 정책을 발표했다. 택지공급 취소로 인한 공급물량 감소를 도시정비 사업 활성화를 통해 해결하고자 한 것이었으나 대규모 택지개발사업인 신도시 개발사업에 따른 공급물량을 재건축 등 도시정비 사업으로 충당하는 데 한계가 있었다.

광명·시흥 보금자리 지구는 17.4㎢(525만 평)를 개발할 계획으로

2010년 5월 보금자리 지구로 지정[1](개발제한구역은 지구계획 승인과 동시에 2010년 12월 해제)되었고 그 이후 부동산 경기침체, 종전사업시행자인 LH의 재무 여건 악화 등으로 사업이 지연되어 행위 제한·대토 구매 등으로 인한 주민 불편이 가중되었다. 이에 국회·지자체·주민들이 조속 사업추진을 강력하게 요구했다. 이에 국토교통부는 사업 규모를 축소하고 공장용지부터 개발하되, 구체적 계획은 2013년 말 제시하기로 하는 사업 정상화 방안을 발표(2013.6.27.)하게 되었다. 그러나 사업의 정상적인 추진은 현실적으로 불가능한 상황이었다. 국토교통부는 이를 타개하기 위해 2014년 9월 국가정책조정회의에서 "광명·시흥 공공주택지구(구 보금자리 지구)를 전면 해제하기로 하되, 그에 앞서 이 지역에 대한 향후 관리대책을 우선 강구"하는 것을 주요 내용으로 하는 「광명·시흥 공공주택지구 해제 및 관리대책」을 발표했다.

집단취락을 제외한 나머지 지역(약 15.66㎢)은 법령 개정을 통하여 주택지구 해제와 동시에 "특별관리지역"으로 지정하고, 「특별관리지역 관리지침」을 마련하여 난개발을 방지하는 내용이었다. '특별관리지역'은 국토교통부 장관이 개발제한구역을 해제하여 추진 중이던 공공주택지구를 해제(취소)할 경우, 난개발을 방지하는 동시에 지역 정책적 배려를 위해 특별히 지정하려는 새로운 제도이다.

특별관리지역의 지정 운영 기간은 10년 이내이며, 국토교통부 장

---

1 (추정사업비) 24조 원, (주택) 9.5만 호(보금자리주택 6.7만 호), (인구) 23.5만 명, (애초 계획) 기본조사(2011~2012년), 보상(2013~2016년), 조성공사(2017~2020년) 일정_국토교통부 보도자료(2013.12.31.)

관이 계획적 관리와 개발을 위한 기준으로 '관리지침'을 수립하고, 그 기간 내 지자체, 민간 등이 취락정비사업 등 개발계획을 수립하였으면 해당 지역은 특별관리지역에서 바로 해제할 수 있게 된다. 공공 주택법 개정이 완료되는 대로 2015년 3월경 관련법 개정을 예고하였다.

3.2 보금자리지구 해제의 발목을 잡은 특별관리지역 지정

* 2015.1. 공공주택건설 등에 관한 특별법 개정

2014년 9월 정부가 광명·시흥 공공주택지구(구 보금자리 지구)를 전면 해제하고 특별관리지역으로 도입하겠다고 발표한 이후 국회의원 발의(2014.12.29.)로 공공주택건설 등에 관한 특별법 일부 개정 법률안이 제안되어 2015년 1월 20일 공포되었다.

개정안의 주요내용은 특별관리지역 관리계획에 포함된 지방자치단체에서 추진 중인 도시정비사업을 제외, 공공주택지구를 해제하는 대규모 지역을 특별관리지역으로 지정하여 체계적으로 관리토록 하고 국토교통부장관은 주택지구 해제 시 대규모 지역으로서 난개발이 우려되는 때에는 10년의 범위에서 특별관리지역으로 지정하고 관리계획을 수립하게 하는 것이다.

이는 특별관리지역에서의 행위제한 및 허가사항을 규정하고, 행위제한의 실효성 확보를 위해 벌칙을 신설하려는 의도다. 그리고 투기방지대책 수립대상에 특별관리지역을 추가하고, 종전사업자인 LH의 부채 과다 및 부동산경기 침체 등을 고려하여 민간참여 확대 등을 통해 공공주택사업의 사업시행자 범위를 확대는 내용이었다.

즉, 공공주택의 사업시행자로 지정할 수 있는 자에 「주택법」에 따른 국민주택기금을 출자하여 설립한 부동산투자회사를 추가하고, 공공주택사업의 공동시행 범위를 확대하였다.

특히, 국토교통부장관이 공공주택지구를 해제하고 특별관리지역을 지정할 경우에는 ①특별관리지역의 관리기본방향에 관한 사항, ②인구 및 주택 수용계획에 관한 사항, ③「도시개발법」에 따른 도시개발사업 등 취락정비에 관한 사항, ④「개발제한구역의 지정 및 관리에 관한 특별조치법」 제4조 제4항에 따른 훼손지 복구계획에 따라 존치된 개발제한구역의 해제 및 관리방안에 관한 사항, ⑤그 밖에 국토교통부장관이 관리에 필요하다고 인정하는 사항 등에 한하여 종전 공공주택지구의 시행자(이하 종전사업자, LH)를 통해 관리계획의 입안을 제안 할 수 있다.

개정안은 2015년 8월 『공공주택건설 등에 관한 특별법』에서 『공공주택특별법』으로 법 제명을 수정한 후 2023년 기준으로 동법 시행령에 따라 특별관리지역의 규모는 330만 ㎡으로 하였다.

그리고 특별관리지역에서 개발할 수 있는 사업의 범위는 ①도시개발사업, ②산업단지개발사업, ③관광단지 개발사업, ④물류시설 용지 및 지원시설 용지의 조성사업, ⑤특별관리지역(지정이전 주택지구 포함)에서 시행하는 공익사업으로 인한 이주단지조성사업, 특별관리지역 관리계획에 반영된 개발사업 등이다.

따라서 특별관리지역에서 신규개발사업을 추진하려면 종전사업자인 LH를 통해 도시관리계획의 입안을 제안[2]하여야 한다. 특별관리지역 관리계획 변경 절차는 공공주택특별법에 의하여 고시(제12조제2항 특별관리지역 지정 변경 고시)된 관리계획에 따라 다음과 같이 추진된다.

기존 관리계획에 반영된 사업 이외 지방자치단체 등 공공이 특별관리지역 내에서 개발사업을 추진하고자 할 경우에는 개발계획, 재원조달방안, 사업방식, 사업주체 등을 구체화 하여 국토교통부장관에게 요청한 후 관리계획의 변경을 통하여 반영할 수 있다.

예로써 『광명시흥 공공주택지구 해제지역의 관리를 위한 특별관리지역 관리계획』은 2015년 4월 최초 수립된 후 2016년 8월, 2020년 1월 2차 변경을 통해 특별관리지역 내에서 시행 가능한 개발사업은 ①취락정비사업(「도시개발법」상 환지방식), ②영세공장 이주용 산업단지, ③도시첨단산업 및 연구단지, ④영세 유통업체 이주용 유통·물류단지, ⑤○○문화관광복합단지, ⑥기타 개발 가능지에 관계 중앙행정기관의 장과 협의된 사업으로 하였으며, ○○문화관광복합단지

---

[2] 공공주택 특별법 제6조의3제2항 : 국토교통부장관은 특별관리지역 내 개발사업 시 종전사업자를 통해 관리계획을 입안 제안

는 2016년 8월 관리계획변경을 통해 반영되었다.(시흥시 공고 제2020-312호)

그리고 관리계획에서는 공공주택법에 따른 공공주택사업은 기본적으로 가능하나, 관리계획에 반영된 사업이외의 주택개발사업은 허용되지 않는다. 또한 특별관리지역내 개발사업은 공공성이 확보될 수 있도록 공공부문이 1/3 이상의 지분을 확보함을 원칙으로 하고 있다.

특이한 점은 특별관리지역에서의 계획인구 밀도는 100인/ha를 원칙으로 하고 있으나, 취락정비사업 및 공공주택사업 구역의 경우 200인/ ha이내(단, 개발계획 승인권자가 지역여건고려 시 10%완화 가능)로 해야 한다는 것이다.

정안은 난개발을 방지를 목적으로 한다. 그러나 개정안이 복잡하여 특별관리지역 내 취락지구에 거주하고 있는 지역주민은 주변의 많은 개발압력을 받고 있음에도 사실상 개발이 어려운 실정이다. 개발사업 추진 시 종전사업자를 통한 관리계획 입안, 심의, 국토교통부장관 승인 등 절차가 복잡하고 인구밀도의 제한, 공공부문 의무 참가 등 규제가 강화되어 민원이 커지고 있다.

광명·시흥 공공주택지구는 지정하여 LH 등 공공주도로 사업이 추진되었지만 24.4조 원에 달하는 막대한 재원이 소요됨에 따라 공공의 재원조달이 어려운 상태이다. 리츠, 민간참여자 등이 효율적으로 사업 참여할 수 있도록 규제를 개선해야 할 필요가 있다.

2부

부동산 이슈가 가져온 나비효과 (2)

....

사업시행자 이슈

1 기부대양여사업, 과연 어떤 기업이 나설 수 있을까

1.1 광주군 공항 이전과 대구경북통합신공항 건설사업으로 보는 기부대양여사업의 진실

TK신공항특별법·광주군공항특별법 내일 공포…정부 TF 가동

쌍둥이 법이라 불리는 대구·경북 신 공항 특별법과 광주 군 공항 이전 특별법이 오는 25일 공포된다. 24일 국방부와 국토교통부에 따르면 두 특별법은 지난 13일 국회에서 의결되고 18일 국무회의를 통과했다. 시행일은 법안 공포 4개월 후부터다. 대구 경북 신 공항특별법은 군사 공항 이전에 따른 통합 신 공항 건설과 종전 대지 개발을 원활하게 추진하기 위해 기부 대(對) 양여 차액의 국비 지원, 예비타당성 조사 면제, 종전 대지 개발사업에 대한 인허가, 통합 신 공항 건설

> 추진단 설치 등에 관한 내용을 규정했다.
>
> 기부대양여는 대구시가 신 공항을 건설해 국방부에 기부하고, 종전 군 공항 부지를 양여 받아 비용을 회수하는 방식이다. 이와 함께 시행될 '광주 군 공항 이전 특별법'은 광주 군 공항 이전사업이 원활히 추진되도록 행정적·재정적 지원 근거를 마련하는 내용이 담겨 있다.
>
> 이 사업 역시 기부대양여 방식으로 추진하되, 이전사업을 추진하는 과정에서 기부 재산(신 공항)이 양여재산(종전 대지) 가치를 초과하게 된 때에는 국가는 예산 범위 내에서 사업시행자를 지원할 수 있다는 내용이 있다.
>
> 연합뉴스, 2023.4.24.

위 기사는 광주와 대구에서 과거로부터 존치해 온 국유재산의 이전과 관련하여 그 필요성을 지속해 주장해온 결과 관련 특별법이 제정되었다는 내용을 담고 있다.

과거 도시 인근에 건설되었던 공항, 군사시설 등이 도시의 발전 및 확장으로 도심지에 편입되면서 소음 발생 등 지속적 민원이 발생했다. 광주에는 2000년대 이전부터 광주공항과 제1전투비행단이 도심에 존치해 있었다. 대구에는 1936년 일본군에 의해 처음 비행장이 건설되었으며 해방 이후 한국 전쟁을 거치며 한국군과 미 공군이 주둔했던 대구국제공항이 도심에 있었다.

광주공항은 건설 당시에는 공항 주변은 빈 땅이었다. 시가지가 확장되면서 현재의 송정 일대가 광주광역시에 편입되고 1990년대 이후 주변에 여러 택지지구가 들어서면서 광주 한가운데를 뻥 뚫는 모양이 되었다. 2000년대 후반에 들어서는 광주의 팽창 인구를 수용하기 위해서 수완지구와 첨단2지구 지역이 개발되었는데, 이 지역은 광주공항 서쪽과 북쪽에서 공항을 감싸고 있다.

대구국제공항이 있는 동촌 지역도 마찬가지였다. 2007년, 대구 공항 인근 지역의 비행기 소음피해 및 고도 제한으로 인한 재산권 침해 등의 문제를 인근 지역 주민들이 제기하면서 K 비행장 이전 주민비상대책위원회를 발족하기도 하였다.

광주와 대구 기존 국유재산 이전의 필요성을 인식하고는 있었으나 이전에 따른 여러 가지 문제점이 발생하였다.

먼저 사업추진 방식에 대한 논쟁이 심화하였다. 두 사업에 검토된 사업추진방식은 국유재산법 제55조에 의한 '양여사업' 및 군 공항 이전 및 지원에 관한 특별법 제9조 '이전사업'방식이었다.

국가 또는 지자체 외의 자가 재산의 소유권을 국가 또는 지자체에 이전하여 기부채납하고 부담한 비용의 범위에서 일반재산을 양여하는 사업방식으로 통상 '기부대양여 사업'이라 칭한다. 기부대양여 사업은 기본적으로 재산의 소유권을 국가 또는 지자체에 이전하여 기부채납하고 부담한 비용의 범위에서 일반재산을 양여하는 사업방식이다. 따라서 기부채납할 대상 확보가 먼저 실행되어야 한다. 대부분의 기존 시설이 기피 시설이므로 이전을 위한 대체 대지, 즉 기부사업이 시행되는 대상지를 해당 주민 등의 반대로 확보하기 어려워 사업 확산 및 추진에 한계를 가지고 있다. 지역 균형발전 및 주민 편의시설 등 기반 시설에 대한 원주민의 요구가 존재하는 상황에 입지

대상지의 주민이나 지자체 설득이 불가한 현실이다.

다음으로 사업성 확보가 어려운 문제점이 발생한다. 기부 재산은 건축물의 실 투입비용과 토지취득가격(또는 조성원가)으로 산정하고, 양여재산은 장래 용도변경 이후에 평가하게 되어 있다. 기부 재산이 양여재산보다 크다면 사업이 종료되나, 양여재산이 크면 차액을 국가에 정산 처리하고 있어 사업시행자의 적극적 사업 참여가 이루어질 수 없는 문제가 발생한다.

2017년 4월 이전에는 '국방부 대체 시설 기부채납에 따른 양여사업 훈령(이하 군사시설 이전사업훈령)'에 절차가 명시되어 기부 재산 산정방식과 양여재산 평가방식이 사업시행자가 토지취득 후 기부 시점의 지가상승분이 반영된 금액으로 기부 재산이 산정(양여재산을 도시관리계획 변경 이전의 시가에 의한 감정평가액으로 산정)되어 양여재산을 받는 사업시행자는 용도변경에 따른 차익을 얻기 어려웠다.

2017년 4월 '국유재산 기부대양여 사업관리 지침(이하 양여사업지침)'을 시행하면서 양여재산의 평가방식은 도시관리계획 변경 이후의 시가에 의한 감정평가액으로 산정하여 용도변경 후 예상되는 차익(개발이익)을 양여재산에 반영하는 것으로 개선하였다.(이기필, 기부대양여 사업 현황과 발전 방향, 2021) 2017년 4월 기준 국방부 시설과 국유재산에 따른 기부대양여사업 방식 비교표는 다음과 같다.

〈 국방부 시설과 국유재산에 따른 기부대양여사업 방식 〉

구분		국방부 대체 시설 기부채납에 따른 양여사업 훈령	국유재산 기부대양여사업관리 지침
사업 대상		국방·군사시설	국유재산
사업 시행		국방부장관이 지정한자	중앙행정기관이 지정한 자
협의대상자		지자체, 공공기관, 지방공기업 등	지자체, 공공기관, 지방공기업 등
사업 방법		협의대상자 협의 후 사업시행자 지정	협의대상자 협의 후 사업시행자 지정
산정 기준	기부	시가평가 방식 감평가	토지, 건물 조성원가
	양여	도시관리계획변경이전 기준의 시가평가 방식 감평	도시관리계획 변경 이후 기준 감평

이후에 군사시설 이전사업 훈령도 기부 및 양여재산의 평가 기준이 양여사업 지침의 내용으로 개정되었다.

마지막으로 민간 사업자의 참여가 어렵다는 것이다. 기부대양여사업의 사업추진 방법은 협의대상자(국가 소유 시설 이전을 제안하고 합의각서를 체결할 수 있는 자로서, 지자체, 공기업·준정부기관·기타 공공기관, 지방공기업 등)가 사업주관기관(국방부 등 중앙행정기관)과 합의각서를 체결하고 사업시행자로 지정하여 대체 시설을 기부한 자에게 용도폐지 된 재산을 양여하여 국가 소유 시설을 이전하는 절차를 거친다.

이때 협의대상자는 사업시행자와의 조건, 방법, 합의각서 등의 내용으로 사업주관자에게 제출하여야 한다. 기부 대상인 대체 시설은 건설 준공 후 사업시행자에 인도하고, 용도폐지 된 양여재산을 인도받는 조건이다. 대체 시설 완공 후 원가를 고려한 감정평가 금액과 도시군관리계획이 완료된 양여부지를 취득함으로써 사업시행자는 사업 참여를 결정하게 된다.

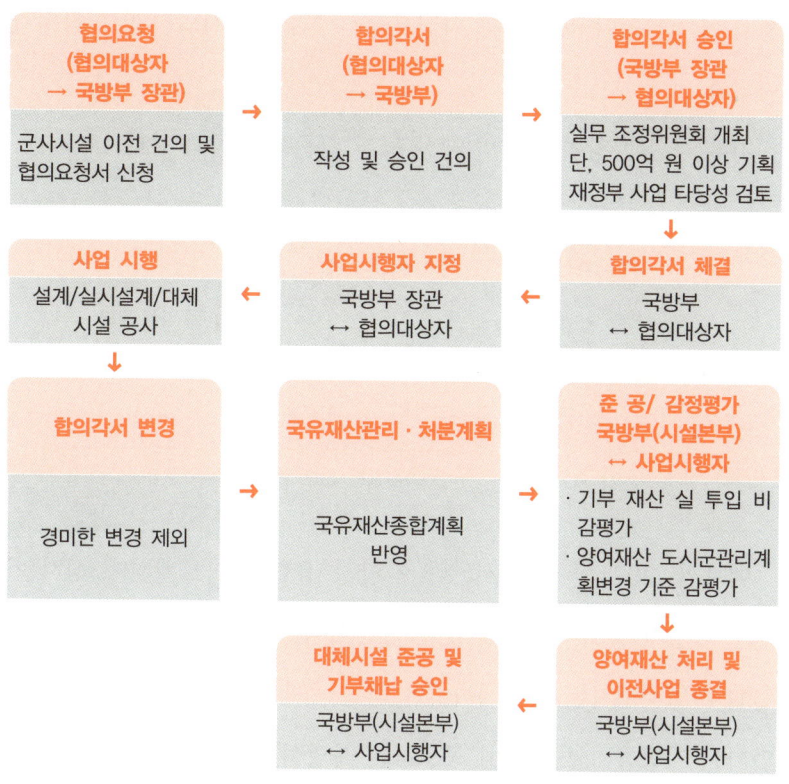

〈 기부대양여사업 사업추진 절차_군사시설 기준 〉

* 기부대양여사업 절차 자료편집(국방시설본부)

하지만, 사업주관자와 합의 내용 변경, 도시군관리계획 변경 장기화 및 용적률 등 밀도 저하, 부동산 시장 등에 따라 양여 재산가 액이 대체 시설비용보다 부족한 경우가 많다. 이에 따라 지자체 등 공공이 주로 사업시행자가 될 수밖에 없는 구조이다. 더욱이 양여재산이 기부 재산을 초과하면 「국고금관리법령」에 따라 사업시행자는 사업주관기관에 그 차액을 납부하여야 하고, 사업주관기관은 즉시 세입 조치하여야 하므로이 아닌 민간 사업자의 사업시행자 참여가 어렵다.

기부 재산과 양여 재산의 재산 평가 기준은 다음과 같다.

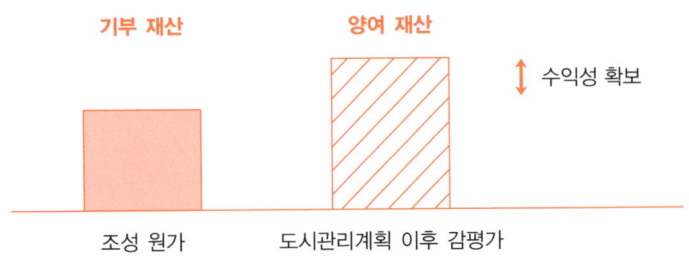

예로써, 2021년 1월 '서○○ 친환경 융합 스마트밸리 조성사업' 민간 사업자 공모사례가 있었다. 군사시설을 이전하는 기부대양여사업의 사업시행자는 지자체이지만 사업 시행 대행 예정자인 민간 사업자는 지방공기업을 통해 공모하는 사업이다. 하지만 대체 시설 이전 비용은 민간 사업자가 전액 부담하고, 도시군관리계획이 변경되지 않은 상태에서 기부 재산과 양여재산의 차액이 부족할 때도 민간 사업자가 부담한다는 불리한 조건으로 민간 사업자의 참여가 저조하였다.

다음 사례는 특혜시비를 우려해 민간이 사업시행자로 참여할 수 없는 경우이다. 2021년 4월 '○○ ○○복합단지' 민·관 공동 PFV 도시개발사업(이하 본 사업) 추진 시 인접 광명·시흥 공공주택지구(이하 3기 신도시) 지구 지정 고시가 되었다.

본 사업 인접 지역에 수도권 군부대 소화기 사격장이 존치되어 있었는데 이전 협의보다는 기존 시설 재 건립 쪽으로 협의 중이었다.

하지만 3기 신도시 내 군 시설과 종합적 이전계획 수립이 필요하여 기부대양여 사업으로 재협의하게 되었다. 사업추진 절차 협의 시 이전 부지 선정보다 PFV가 사업시행자가 될 수 있는가에 대한 협의가 더 중요했다. 결국 사업시행자를 선정하는 자는 지자체를 통한 중앙관청으로써 공모 등을 통한 사업시행자 선정이 우선시 되었다. 합의각서 작성을 고려하였으나 특혜시비를 우려하여 현실적으로 지자체에서 공모 등을 통하여 선정하는 것으로 변경하였다.

기존 사업추진에 따른 부수적인 사업을 추진하는 경우에도 기존 사업자의 인센티브 없이 공모를 통해서 선정한다면 기존 사업과 연계할 수 없어 신규 사업시행자의 선정은 물론 기존 사업자의 사업시행자 추진도 어려워질 수 있었다. 협의대상자를 지자체가 아닌 지방공기업이 수행할 수 있는가에 대해서도 법에 명시되어 있지만 실질적으로는 지자체가 협의대상자로 수행하여야 군부대는 협의에 임할 수 있다는 뜻을 고수하였다. 즉, 협의대상자를 통한 공모 등에 제안법인이 포함된 지방공기업도 특혜시비 우려가 있다는 것이다.

기부대양여 사업은 대부분 기부시설의 부지확보 이외 건설사업까지 포함되어 재원 조달이 큰 사업이다. 그래서 정부, 지자체 등의 재정사업보다는 민간 자본의 투자가 필요하다. 따라서 사업성 확보 방안의 제도적 장치와 더불어 민간 사업자의 진입장벽을 낮추는 방향으로의 제도화도 필요하다.

이러한 문제점을 안고 2023년 4월 사업성 부문에 대한 지자체 등의 보전방안이 포함된 광주 군 공항 이전 및 종전 부지개발 등에 관한 특별법 및 대구경북통합신공항 건설을 위한 특별법 제정되었다.

1.2 기부대양여사업에 쉬이 나서지 못하는 기업들

* 2017.4. 국유재산 기부대양여 사업관리 지침 시행
* 2023.4. 광주 군 공항 이전 및 종전 부지개발 등에 관한 특별법 제정
* 2023.4. 대구경북통합신공항 건설을 위한 특별법 제정

2018년 9월 기획재정부훈령으로 『국유재산 기부대양여 사업관리 치침』이 일부 개정되었다. 대규모 군사시설 이전 등에 적용되는 기부대양여 사업의 운용과정에서 그간에 제기된 사업대상 명확화, 추진체계 내실화, 타당성 검토방법 구체화, 재산 재평가 보완 등의 제도개선 요구사항을 반영하려는 것이었다.

기존 지침에서 사업대상이 모호하고 법체계와 불일치하고 양여재산이 기부재산을 초과하는 경우 사업추진 여부가 불투명했다. 이를 보완한 개정안은 양여 대상재산을 대체시설 제공을 위해 부담한 비

용의 범위 내로 하고, 사업계획 승인과 대체시설 완공 후 재산평가 시점의 차이 등 불가피한 경우에만 한정하여 차액정산을 허용한다.

재산 평가에 관한 기존 지침은 사업주관기관의 감정평가를 원칙으로, 필요 시 사업시행자의 감정평가를 인정하여 두 평가액을 산술평균하였다. 개정안은 사업주관기관이 평가결과가 위법이며 부당하다고 인정하는 경우 전문기관에 평가 검토 의뢰 및 재평가가 가능토록 한다. 사업주관기관과 사업시행자 간의 감정평가액이 10% 이상 차이 날 경우에도 재평가하는 제도를 도입하였다.

양여재산의 평가방식은 도시관리계획 변경 이후의 시가에 의한 감정평가액으로 산정하여 용도변경 후 예상되는 차익(개발이익)을 양여재산에 반영하는 것으로 사업성을 개선할 수 있었다.

2023년 4월 의원입법으로 국회교통위원장이 제안한 『대구경북통합신공항 건설을 위한 특별법(이하 대구경북통합신공항 건설특별법)』과 국방위원장이 제안한 『광주 군 공항 이전 및 종전 부지개발 등에 관한 특별법(이하 광주군공항이전 특별법)』이 동시에 공포되었다. 대구경북통합신공항과 광주군공항이전 특별법을 비교·대조하여 살펴보고자 한다.

각 제정안의 제안이유는 각 위원회 제출자료(2023.4.)를 통해 살펴보면 다음과 같다.

> **[대구경북통합신공항 건설특별법 제정안]**
> · 군 공항 이전 주변지역 지원사업의 시행 규정
> · 통합신공항 건설사업의 시행자, 사업계획 및 실시계획의 수립·승인 규정
> · 주변개발예정지역 지정 규정
> · 통합신공항건설추진단 설치 규정
> · 종전부지 개발사업의 시행자, 개발계획 및 실시계획의 수립 규정
> · 종전 부지의 관광특구, 특별건축구역, 경제자유구역 등 특별구역 지정 가능
> · 통합신공항 건설사업을 위한 국가의 예산 지원 및 융자
> · 군 공항 이전사업과 이전주변지역 지원사업 비용 지원
> · 통합신공항 건설사업 예비타당성 조사 면제 특례

대구광역시 도심의 군용항공기지 때문에 소음발생과 고도제한으로 주민의 생활권이 침해되고 국방부의 소음피해 배상액 지급으로 국가 재정부담 등 국가적·사회적 낭비가 극심하여 공항 이전과 함께 종전 부지를 인근 지역과 연계하여 신 성장 거점으로 개발할 필요성이 제기되고 있다.

이에 군 공항은 군사시설 이전 절차에 따라, 민간공항은 국가 예산사업으로 추진함을 분명히 하고, 대구경북통합신공항 건설 및 종전부지의 개발, 통합신공항 사업에 필요한 개발계획의 수립, 개발절차, 지원사업, 소요 재원의 조달, 국가의 행정적·재정적 지원, 개발사업에 필요한 특례 및 규제 완화, 특별구역 지정 등에 관한 사항을 규정함으로써 대구경북통합신공항 건설사업과 종전부지 개발사업이 원활히 추진될 수 있도록 하려는 것이다.

[광주군공항이전 특별법 제정안]
· 통합신공항 건설사업을 위한 국가의 예산 지원 및 융자
· 종전부지 개발사업의 시행자, 개발계획 및 실시계획 수립
· 중앙행정기관 또는 광역지방자치단체의 장이 종전부지를 관광특구, 특별건축구역, 경제자유구역 등 특별구역으로 지정 가능
· 이전사업을 위해 필요한 경우 사업시행자에게 예산 범위에서 비용 융자 가능
· 이전사업 효율적 추진을 위해 군 공항 이전사업 지원위원회 심의를 거쳐 지원사업 시행 가능

광주 군 공항의 이전 논의는 2014년 10월 광주광역시장이 이전 건의서를 국방부 장관에게 제출하면서 본격화되었으나, 후보지역 지자체의 반대에 따라 현재 예비이전후보지 검토단계에 머무르고 있는 상황으로, 오랜 기간 신공항의 입지선정을 둘러싼 사회적 갈등과 논란이 지속되고 있는 상황이다.

이에 군 공항 이전 사업방식을 기부대양여 방식으로 추진하되 이전 사업비가 용도폐지 되는 양여재산을 초과하는 경우 국가가 이를 부담할 수 있도록 하는 근거 등을 마련함으로써 그동안 고착상태에 머물러 있는 광주 군 공항 이전사업이 원활히 추진되도록 하려는 것이다.

공통적으로 사업시행자의 사업성 보완을 위해 '이전사업과 지원사업의 추진과정에서 사업비가 용도 폐지된 재산의 가액을 초과하게 된 때에는 예산의 범위 내에서 해당 중앙관서의 장의 요구에 의해

사업시행자에게 지원 할 수 있다.'는 내용이 포함되어 있다. 이로써 기부대양여사업에서 사업시행자의 참여가 낮은 가장 큰 이유를 어느 정도 해소할 수 있을 것이다.

하지만, 기부대양여재산의 차액을 국가예산으로 지원한다는 것에 대해 입법과정에서 국가재정에 부담을 줄 수 있다는 의견이 나왔다.

대구경북통합신공항 건설특별법 제정안에 '필요하다고 인정하는 경우에는 예비타당성 조사(이하 예타)를 면제할 수 있도록 특례를 규정한다.'는 내용이 포함되어 있다. 이 항목에서 입법과정에서 특별법으로 추진함에도 예타 면제 등을 주는 것은 특혜를 주는 것이라는 의견도 나왔다.

사업시행자는 대구경북통합신공항 건설특별법 제정안에서는 통합신공항 건설사업 중 군 공항 이전사업은 종전부지 지방자치단체의 장이 시행하고, 「공항시설법」에 따른 공항개발사업은 국토교통부장관이 시행한다. 다만, 종전부지 지방자치단체의 장은 군 공항 이전사업을 대행할 사업대행자를 지정할 수 있다. 또한, 국토교통부장관 외의 자는 국토교통부장관의 허가를 받을시 공항개발사업을 시행할 수 있다.

반면에 광주군공항이전 특별법 제정안은 사업시행자는 국토의계획 및 이용에 관한법률, 도시개발법, 지역개발 및 지원에 관한법률 등 관계 법률에 따른 시행자로 하였다. 사업시행자는 필요 시 『건설산업기본법』에 따라 건설업 등록자에게 사업의 전부 또는 일부를 대행하게 할 수 있다.

　기존 기부대양여 사업의 사업시행자는 중앙행정기관이 지정한 자이나 대구경북통합신공항 건설특별법에서는 지방자치단체의장 및 국토교통부장관으로 하였고, 광주군공항이전 특별법에서는 관계법령에서 별도로 정한 자로 하였다. 또한 대행자는 각각 국토부장관이 지정한자, 건설업 등록자로 하여 차이점을 두었다.

　기존의 대규모 군사시설 등의 기부대양여사업은 양여 재산가 액이 대체 시설비용보다 부족한 경우가 많아 사업성이 낮았고, 사업시행자가 다양하게 지정되지 못하였다.

　반면 특별법 제정안은 공통적으로 사업성을 국가가 보전해주고 사업시행자를 별도 관련법령에 정한 자와 대행사업자도 지정권자가 별도로 지정한 자로 하는 등 다양성을 열어두어 공공, 민간, 민·관 공동법인 등이 사업에 참여할 수 있게 하였다.

2 공공시행자의 도덕적 위험

2.1 LH 사태, 3기 신도시 집단적 부동산 투기

2022년 11월 28일 중앙일보에 다음과 같은 기사가 실렸다.

> **3기신도시 '광명·시흥' 공공주택지구 지정…**
> **2027년 7만 가구…**
>
> 정부가 3기 신도시 중 최대 규모인 광명·시흥 공공주택지구의 지구 지정을 고시했다. 정부는 광명·시흥 지구를 지난해 2월 여섯 번째 3기 신도시로 발표했지만, 한국토지주택공사(LH) 직원 땅 투기 논란으로 사업추진이 지지부진했다. 국토교통부는 광명·시흥 공공주택지구에 대한 공청회, 전략 환경영향평가, 중앙도시계획위원회 심의 등이

> 완료돼 29일 공공주택지구 지정을 고시한다고 28일 밝혔다. 총 7만 가구 규모(1,271만㎡)다. 서울 여의도 면적의 4.3배에 달한다. 문재인 정부에서 발표한 3기 신도시 중 가장 규모가 크고, 1~3기 신도시 중에서 동탄2(2,400만㎡), 분당(1,960만㎡), 파주 운정(1,660만㎡), 일산(1,570만㎡), 고덕 국제화(1,340만㎡)에 이어 여섯 번째로 크다. 여의도로부터 12km 거리에 있는 광명·시흥은 이 명박 정부 시절 보금자리 주택지구(9만 5,000가구)로도 지정됐다가 주택시장 침체와 주민 반발로 지구 지정이 해제됐다. 이후 유력 신도시 후보로 계속 꼽히다 문 정부의 마지막 3기 신도시로 발표됐지만, LH 직원 땅 투기 논란을 겪었다.

'LH 직원 땅 투기'라는 문장으로 인터넷 검색을 해보면 LH 사태, LH사 건 등(이하 LH 사태)으로 결과가 나온다. LH 사태는 2021년 3월, 한국토지주택공사(이하 LH) 직원들이 3기 신도시 등 자사의 사업계획과 연관 있는 지역에 집단으로 부동산 투기를 한 의혹이 참여연대와 민주사회를 위한 변호사 모임에 의해 폭로된 사건이다. 이후 추가 폭로 및 조사 결과에 따라 관련 공직자들의 전 방위적인 투기 논란으로 확산하여 정치권의 핵심 이슈로 떠올랐다(정부 LH 사태 대책발표, 연합뉴스, 2021.3.27.).

2021년 9월 지방공기업 도시개발간부로 재직하고 있을 때 LH 사태로 부동산 유관부서 소속된 직원들은 공직자재산등록 업무절차에 따라 재산등록 의무자로서 재산신고서를 작성 제출하라는 공문이 시행되었다. 공직자윤리법 및 같은 법 시행령 개정안이 2021년 10월 시행됨과 동시에 적용 대상이 관계기관 소속 직원들에게까지 확대 적용되어 일어난 일이다.

　3기 신도시는 2018년 9월 당시 정부의 '수도권 주택공급 확대 방안' 발표를 통하여 수도권 공공택지를 통한 30만 호 추가 공급방안을 통해 계획 수립되었다. 주요 내용으로는 택지 확보 추진계획, 공공 주택 위주 주택공급계획, 투기 방지방안 등으로 계획하였다. 3기 신도시 관련으로는 대규모 택지를 조성하여 약 20만 호 공급, 중소규모 택지를 조성하여 약 6.5만 호 공급할 계획으로 연내 약 10만 호 공공택지를 추가로 선정하여 발표하고, 2019년 6월까지 나머지 16.5만 호 선정·발표 추진하겠다는 내용이다.

〈 수도권 지역별 추가 확보계획 〉

구 분	서울	인천	경기	계
대규모 택지	-	2만 호	18만 호	20만 호
중소규모 택지	2만 호+α	0.5만 호	4만 호	6.5만 호+α
계	2만 호+α	2.5만 호	22만 호	26.5만 호+α

* 수도권 주택공급 확대 방안 발표 자료(2021.9.21., 국토교통부)

　2022년 8월 국토교통부는 '270만 호 공급 로드맵'을 통해 3기 신도시 5개소에서는 총 17.1만 호를 공급(남양주 왕숙(1) 5.24만 호, 남양주 왕숙(2) 1.39만 호, 고양 창릉 3.59만 호, 인천 계양 1.66만 호, 부천 대장 1.91만 호, 하남교산 3.3만 호 등) 할 계획이며, 광명·시흥(7만 호), 의왕·군포·안산(4.1만 호), 화성·진안(2.9만 호) 등 신도시 후보지는 중앙도시계획위원회 심의 등을 거쳐 2022년 말부터 순차적으로 지구 지정을 할 계획을

〈 3기 신도시 참여 현황 〉

지구 명	사업 면적(천㎡)	참여 현황(지분율 %)		
		LH	GH/IH	기초공사
과천과천	1,687	55	30	15
하남교산	6,862	65	30	5
남양주왕숙	9,376	80	20	협의 중
남양주왕숙2	2,393	79	20	1
고양창릉	7,890	70	20	10
안산장상	2,213	70	20	10
부천대장	3,419	90	–	10
인천계양	3,332	80	20	–
광명·시흥	12,711	80	20	협의 중
의왕·군포·안산	5,864	80	20	–
화성진안	4,525	80	20	–
화성봉담3	2,291	80	20	–
인천구월2	840		협의 중	

* (재)한국경제조사연구원(2023.9.15.)

밝혔다.

하지만 투기 방지대책은 개발 예정 지역 일대의 지가변동과 토지거래량 등을 모니터링하고 주민공람 공고 즉시 개발행위 제한 및 불법행위 방지, 투기성 토지거래 증가 또는 난개발 등이 우려되는 경우 관계기관 합동 투기단속반을 운영 등에 한정하여 결과적으로 LH 사태를 방지하지는 못하였다.

3기 신도시는 LH 주도로 사업 시행이 추진되고 있어 사업계획정보를 사전에 습득할 확률이 높았다. 2021년 6월 정부 합동 중간 수사 결과를 살펴보면 LH 직원들이 내부 정보를 이용해 투기한 것이 적발되어 몰수 조치, 기소한 사례가 있었다.

결과적으로 LH 사태가 이슈화 된 지 얼마 되지 않아 2021년 4월 공직자의 이해충돌 방지법안 제정, 한국토지주택공사법 개정, 2021년 3월 공공주택 특별법 개정 및 도시개발법 등이 개정되었다.

2.2 부동산개발 시행사에 대한 규제와 도시개발사업의 장애물

* 2021.4. 공직자의 이해충돌 방지법 제정
* 2021.4. 한국토지주택공사법 개정
* 2021.4. 도시개발법 개정
* 2021.9. 공직자윤리법 시행령 개정

2021년 4월 29일 『공직자의 이해충돌 방지법안(이하 이해충돌 방지법)』이 제정 되었다. 이는 20대 국회에서 2020년 6월 처음 제안 된 이후 발의와 폐기가 거듭 되다가 21대 국회에서 LH 사태를 계기로 제정 된 것이다.

2년 동안 국회 입법추진이 되지 않았던 법령을 제안한 후 약 20일 안에 공포 된 것으로 LH 사태가 얼마나 큰 사건이었는지 알 수 있다.

2021년 대통령은 국회에서 통과된 '공직자 이해충돌방지법'을 환영하며, 이 법이 청렴한 공직사회로 나아가는 제도적 틀을 마련했다고 평가했다. 이해충돌방지법은 LH 사건 계기로 그 필요성이 대두되었으며, 부정청탁금지법(김영란법)에 이어 8년 만에 통과되었다. 대통령은 이해충돌방지법을 공직자의 직위와 정보를 이용한 사적 이익 추구를 미연에 방지하고 공직부패를 사전에 차단하는 강력한 예방 장치로 평가했다.

이해출동 방지법의 제안이유는 2021년 4월 29일 국회에 제출된 의안원문을 통해서 살펴보면 다음과 같다.

> 공직자가 직무를 수행할 때 자신의 사적 이해관계가 관련되어 공정하고 청렴한 직무수행이 저해되거나 저해될 우려가 있는 상황인 이해충돌을 사전에 예방·관리하고, 부당한 사적 이익 추구를 금지함으로써 공직자의 공정한 직무수행을 보장하고 공공기관에 대한 국민의 신뢰를 확보하려는 것이다.

그리고 제정안의 주요내용을 LH 사태와 관련된 내용을 중심으로 살펴보면 다음과 같다.

[이해출동 방지법] 일부

나. 공공기관 직무 관련 부동산 보유·매수 신고(안 제6조)
- 부동산을 직접 취급하는 공공기관의 공직자는 업무 관련 부동산 보유 또는 매수 시 신고 필요
- 그 외 공공기관의 공직자는 해당 기관이 부동산 개발 업무를 하는 경우, 보유 또는 매수한 부동산 신고 필요

> 라. 직무관련자와의 거래 신고(안 제9조)
> · 공직자 본인, 배우자, 직계존속·비속이 공직자의 직무관련자와 다음과 같은 거래를 하는 경우 신고 필요:
>   · 금전 차용 또는 대여
>   · 유가증권 거래
>   · 부동산 거래
>   · 물품·용역·공사 등의 계약 체결

LH 사태에 따라 부동산을 직접 취급하는 공공기관의 공직자는 업무관련 부동산을 보유하거나 매수하면 신고하고, 그 외 공공기관의 공직자는 부동산개발업무를 하는 경우에는 적용받는다는 내용이다. 여기에서 부동산을 직접 취급하는 공공기관의 공직자란 지자체장, 지방의회, 공공기관, 국·공립학교, LH, 지방공사, 지방공단, 새만금개발공사 등이 포함된다.

또한 2021년 3월 19일 『한국토지주택공사법 일부개정』 법률안이 국회교통위원회를 통하여 제안되었다. 2021년 3월 8일부터 15일까지 동일내용으로 10건의 법률안이 제안되었으나 결국 위원회 대안으로 제안된 것이다. 2021년 3월 19일 소관위원회 상정하고, 전체회의를 거쳐 법사위 체계자구심사를 하였다. 이후 2021년 3월 23일 본회의 의결되어 2021년 4월 1일 공포되었다. 법률안 제안부터 본회의 통과까지 채 2주가 걸리지 않은 기간이었다.

일부개정 법률안의 제안이유 및 주요내용을 2021년 3월 24일 국회에 제출된 의안원문을 통해 살펴보면 다음과 같다.

> **[공공기관 임직원의 부동산 거래 규제 강화] 일부**
> 1. 미공개 정보 이용 금지 대상 확대
>   · 공사 임직원뿐만 아니라 퇴직 후 10년 이내인 자도 미공개 정보 이용 금지
> 2. 미공개 정보 이용 시 처벌 강화
>   · 5년 이하 징역 또는 위반 이익의 3배 이상 5배 이하 벌금
>   · 이익 액에 따라 징역형 가중 가능
> 3. 몰수 및 추징 조치
>   · 미공개 정보로 취득한 재물 또는 재산상 이익 몰수 및 추징
> 4. 정기 조사 및 감시 강화
>   · 국토교통부장관의 공사 임직원 부동산 거래 정기 조사
>   · 공사 내 준법감시관 제도 도입
> 5. 부패방지 교육 의무화
>   · 공사는 임직원 대상 부패방지 교육 정기 실시

개정 법률안은 처리되는 과정에서 공사의 임·직원들로부터 미공개 정보를 취득한 자의 금지규정 포함, 몰수규정 내용에 몰수하지 못할 때 그 가액을 추징하는 등 부동산 거래 규제를 기존 법령보다 보완하는 내용으로 개정되었다. 2021년 3월 9일 의원 발의 되고 4월 1일 개정 공포된 『도시개발법 일부개정 법률안』은 제안이유를 LH 사태를 직접언급하면서 심사보고서를 통해서 다음과 같이 명시하였다.

> 최근 한국토지주택공사 직원들이 내부 정보를 이용하여, 거액의 대출을 받아 개발 예정인 부동산을 취득한 사건이 문제가 되고 있음.
>
> 그러나, 현행법은 도시개발구역 등과 관련된 내부거래 등 불법행위를 제재할 수 있는 규정이 미흡하다는 지적이 있음.
>
> 참고로, 「공공주택 특별법」에는 주택지구 지정과 관련하여 정보의 보안관리 의무 및 부동산투기 방지대책 수립의무에 대하여 규정하고 있고, 주택지구 지정 관련 업무 처리 중 알게 된 정보를 목적 외로 사용하거나, 타인에게 제공 또는 누설한 자는 5년 이하의 징역 또는 5천만 원 이하의 벌금에 처하도록 하고 있음.
>
> 이에 현행법에 도시개발구역 지정과 관련하여 보안관리 의무 및 부동산투기 방지대책 수립의무를 규정하고, 도시개발구역 지정과 관련한 정보를 목적 외로 사용하거나 누설한 자에 대하여 처벌하도록 함으로써, 개발 관련 정보의 보안을 강화하고 관련 공직자 등의 내부자거래를 근절하려는 것임(안 제10조의2 및 제79조의2 신설).

개정 법률안의 체계자구심사 시 검토보고서에서는 도시개발구역의 지정과정에서 구역 지정·지정요청·지정제안과 관련한 정보를 목적 외 사용 및 타인에게 제공·누설을 금지한다고 규정하고 있다. 그러나 시점이 불명확하여 불특정 다수인에게 공개되는 주민 등의 의견청취를 위한 공람 전까지로 규정하고 불특정 다수인이 알 수 있도록 공개되기 전의 것으로 한정되는 것으로 구체화 하였다.

또한 2021년 9월 24일 공직자윤리법 시행령이 일부 개정되어 부동산 유관부서에 소속한 공직자에게 재산등록의무가 확대 시행되어 지방공사, 공단 등의 등록의무자 본인, 배우자, 직계 존·비속 등에도 2021년 12월까지 최초 재산등록을 공직자윤리시스템을 통해서 신고하도록 하였다.

이에 대한 세부내용은 정책뉴스를 통해 살펴보면 다음과 같다.

직급 관계없이 부동산 관련 업무 공직자 전원 재산등록 의무화

공직자윤리법 시행령 개정안 국무회의 의결…신규취득도 원칙적 제한… 앞으로 중앙부처와 지방자치단체, 공직유관단체 중 부동산 관련 기관과 부서에 속한 공직자 전원은 재산등록 대상에 포함된다. 인사혁신처는 14일 이 같은 내용의 공직자윤리법 시행령 개정안이 국무회의에서 의결됐다면서, 부동산 관련 업무나 정보를 취급하는 공직자는 부동산 취득 경위와 소득원 등을 의무적으로 기재해야 한다고 밝혔다. 이번 공직자윤리법 시행령 개정안은 지난 4월 개정된 공직자윤리법을 구체화한 것으로, 오는 10월 2일부터 시행될 예정이다.

이번 개정안의 주요 내용을 살펴보면, 먼저 부동산과 관련 있는 업무를 하는 공직자는 직급과 관계없이 재산등록을 의무화하도록 했다. 특히 한국토지주택공사(LH)와 새만금개발공사, 서울주택도시공사(SH), 경기주택도시공사(GH) 등 부동산 개발을 주된 기능으로 하는 지방공사의 모든 직원은 재산을 등록해야 한다.

이 외에도 부동산 관련 개발이나 규제 등의 업무를 담당하거나 연구·조사 등을 수행해 관련 정보를 취급하는 부서의 공직자도 재산등록 의무자에 포함된다.

또한 부동산 관련 업무를 취급하는 공직자는 재산등록 때 부동산을 어떻게 취득했는지에 대한 경위와 소득원 등을 의무적으로 기재해

구 분		현 행	개 정 안
재산 등록 의무자 확대	부동산 전담기관 명시	별도 규정 없음	전(全) 직원을 재산등록의무자로 하는 기한('부동산 전담기관')으로 - ① LH, ②새만금개발공사 ③개발전탈 지방공사(SH+GH 등) 규정
	부동산 유관부서 범위 규정	별도 규정 없음	재산등록의무가 적용되는 중앙행정기관·지방자지단서·공직유관단체의 부동산 유관부서 지정 기준을 구체화 - 부동산 관련 개발이나 규제, 연구·조사 업무 등
부동산 형성과정 기재대상 지정		재산공개대상자 (1급 이상 공무원 등)는 부동산 형성 과정 기재의무 부담	추가적으로 기재의무를 부담하게 되는 '부동산 관련 업무나 정보를 취급하는 사람'의 범위 규정
부동산 신규 취득 제한 구제화		별도 규정 없음	신규취득을 제한하는 부동산의 범위 구체화 - 개정안 제3조제5항제11호의2 각 목의 부동산 관련 업무 분야 및 관할의 부동산
			취득이 가능한 예외 사유 규정 - 상속, 증여, 담보권 행사나 다물변제의 수령. 근무·취학·결혼 등 일상생활 영역에 반드시 필요한 경우로서 업무관련 정보를 부당하게 이용한 것이 아니라고 안정되는 경우 등
			그 외 운영에 필요한 사항 규정 - 기관별 제한방안 내용 및 관할 공직자윤리위원회 보고의무 - 공직윤리시스템(PETI)을 통한 신고근거 등
LH 직원 취업심사 확대		임원에 대해서만 기관업무를 기준으로 퇴직 전 5년 동안 업무관련성을 적용하여 취업심사	취업심사의 대상을 2급 이상 직원으로 확대하되, 그 중 1금 이상 직원에 대하여는 기관업무 기준으로 취업침사 * LH혁신방안(6.7.발표, 관계부처 합동)

야 한다.

　기존에는 1급 이상 공무원 등 재산공개 대상자만 부동산 형성 과정을 기재해야 했지만, 이번 개정으로 부동산 업무 담당 공직자도 재산형성 과정을 투명하게 공개해 부정한 재산증식을 막기 위해서다.

　아울러 부동산 업무 담당 공직자는 업무와 관련된 부동산을 새로 취득하는 것을 원칙적으로 제한한다. 각 기관은 소관 업무와 관할 등

> 을 고려해 특성에 맞는 제한방안을 수립하도록 했다.
>
> 다만 내부 정보를 부당하게 이용한 경우가 아니라면 근무·취학·결혼 등의 사유로 인한 일상생활에 반드시 필요한 거주용 부동산은 취득할 수 있도록 예외사유를 마련했다.
>
> 특히 이번 개정안에서는 한국토지주택공사 직원들의 퇴직 후 3년간 취업제한 대상을 현행 임원에서 2급 이상으로 확대했다. 이는 퇴직 후 전관예우 관행을 근절하기 위한 것으로, 대상은 현재 7명에서 520여 명으로 늘게 된다.…
>
> 인사혁신처, 2021.9.14.

LH 사태가 부동산에서 크게 이슈화 되면서 장기적으로 표류하고 있던 이해충돌 방지법을 빠르게 제정했다. 이후 도시개발법 및 공직자윤리법 및 시행령 등을 연쇄적으로 개정하여 지자체, LH, 공공기관, 지방공사 등 공공시행자의 도덕적 해이가 부동산개발사업의 사업추진 과정에서 하나의 큰 장애가 되는 나비효과를 가져왔다.

예로써 2022년 6월 부터 2023년 12월까지 수도권 지방공사가 참여한 도시개발사업의 이권개입 등에 감사원 감사원 감사가 진행된 바 있다. 여기에는 ○○시의 ○○역세권 도시개발사업, 004지구 도시개발사업, ○○폴리스 산업단지 조성사업 등 4곳이 포함되었다, 최종 감사결과가 나오기 까지 도시개발사업은 1년간 사업이 중지될 수밖에 없었다.

3부

전통적 부동산 재원 조달의 한계

············
부동산 금융 이슈

1 부동산 PF 부실화

1.1 미국 투자 은행 파산이 빚어낸 글로벌 금융위기

> 국제 금융회사 리먼 브러더스의 파산으로 촉발된 세계적 금융위기가 시작된 지 1년. 세계증시에 약 4조 달러(4,900조 원)가 증발했고, 세계 총생산(GDP)은 5조 8,000억 달러가 줄었다. 2007년 108조 달러였던 세계의 부는 18%가 줄어 현재 92조 달러로 떨어졌다…우선 리먼 브러더스가 파산되어…월가가 쌓아 올린 거품의 바벨탑이 어떻게 붕괴하였는지…또 1999년 그램-리치-블라일리 법안(금융 산업 현대화 법안)을 주도한 필 그램 전 상원의원을 만나 ……", "미국 샌프란시스코 스톡턴…월가가 만들어 낸 거품의 중심인 주택담보대출이 성행했던 곳. 부동산 중개인들의 증언을 들어보면 주민들이 집값의 110%에 이르는 대출을 받아 집을 샀으나…집값은 60% 폭락…

2008년 9월 21일 KBS가 〈kbs스페셜〉 '미국발 금융위기 한국을 덮치'다를 통해 세계 금융위기의 원인과 위기 이후 세계의 경제 흐름의 방향을 다룬 내용이다.

2008년 글로벌 금융위기의 원인은 미국의 금융권이 만들어 낸 부실 금융상품으로 인하여 집값이 폭락하여 자금유동성의 위기로 세계증시와 세계 총생산이 줄었다는 것이다. 그리고 이에 대한 가장 큰 원인을 금융 산업 현대화 법안 등 관련 규제가 완화된 것으로 보았다.

이러한 글로벌 경제위기는 우리나라에도 영향을 미쳤다. 글로벌 금융위기 1년 이후 기업들이 매출액 증가율을 공시한 이래 최초로 마이너스 성장을 기록하였으며, 한국은행이 전 산업의 매출액 증가율을 공시하기 시작한 1971년 이래 약 40년 만에 처음으로 매출액이 감소하였다.

과거 매출액 증가율이 가장 낮았던 시기는 외환위기 기간인 1998년 1.46%와 IT버블이 붕괴된 2001년 1.45%였다. 2009년 3분기까지의 누계 매출액만을 고려한다면 글로벌 금융위기가 국내 기업에 미친 영향은 과거 외환위기나 IT버블 때보다 더 큰 셈이다. 상장법인 가운데 2007년부터 자료가 있는 1,444개 비 금융기업 대상으로 분석한 결과 자산 효율성과 재무 건전성이 전반적으로 악화된 기업들이 늘어났다고 분석했다.

부동산 시장은 어땠을까? 글로벌 부동산 시장은 2009년 12월 30

일 자 이데일리 보도자료를 살펴보면 미국 부동산은 2009년 12월 기준으로 20대 주요 도시의 주택가격을 보여주는 S&P-케이스쉴러 지수는 2006년 고점 대비 32% 하락했다. 2007년부터 2009년 말까지 미국 주택시장에서 증발한 돈만 5조 9,000억 달러에 달한다. 무디스에 따르면 미국의 상업용 부동산 가격은 2006년 대비 42.9% 떨어졌다.

스페인의 경우 최근 2년간 전국 부동산 중개업소의 80%인 12만 곳이 문을 닫을 정도로 시련을 겪고 있다고 했다.

2008년 부동산 시장 또한 글로벌 금융위기의 영향으로 큰 타격을 입었다. 미국의 서브프라임 모기지론 파동이 전 세계적인 금융위기로 번지면서, 한국의 부동산 시장도 직접적인 영향을 받았다. 이로 인해 전국적으로 집값이 급락하고, 특히 서울과 수도권 신도시, 그리고 강남 3구를 포함한 버블세븐 지역의 집값 하락이 두드러졌다. 또한, 신규 분양 시장도 큰 타격을 받아 미분양 주택이 급증했고, 부도를 낸 건설업체 수도 크게 증가했다. 이 시기는 아시아 외환위기 이후 우리나라 부동산 시장의 가격 하락 폭과 회복 시기가 단축되었음에도 불구하고, 총부채 상환비율 규제 이후 주택구매 여력이 떨어지면서 주택가격의 변동 폭이 축소되는 현상을 보였다.

글로벌 금융위기로 인해 대형 금융기관들이 도산하는 사태로 인하여 우리나라의 은행들도 유동성의 한계가 왔다. 따라서 부동산 관련 PF나 담보대출도 제한될 수밖에 없어, 부동산 시장은 경직되고 침체하였다.

이러한 글로벌 금융위기가 발생한 가장 큰 원인은 미흡한 금융규제가 가장 크다는 비판이 거세졌다. 따라서 EU에서는 2012년 금융규제 강화를 위해 새로운 감독체계를 도입하려는 움직임을 보였다. 물론 EU의 금융규제 강화는 글로벌 금융위기대응 외에도 EU 역내 금융시장의 단일화, EU 통합규제권의 강화, 유럽 재정위기 등 복합적인 원인이 된 것으로 보인다.

또한 국제기구인 금융안정위원회(Financial Stability Board, 한국 포함 24개 국가 회원)는 대형금융회사의 부실 발생 시 신속하게 대응할 수 있도록 '시스템적 중요 금융기관[1](Systemically Important Financial Institution)'에 대한 정상화·정리[2](Recovery Resolution)체계를 마련하여 이회원국에 도입할 것을 권고하였으며, 미국·EU 등 주요국들은 관련 제도를 입법화 하였다.

우리나라도 국내 중요 금융기관의 정상화·정리절차가 법·제도상 미흡하여 국제 기준에 부합하는 대형금융회사 정리체계를 도입함으로써 금융시스템의 안정성을 제고하고자 2020년 12월 29일 '금융산업의 구조개선에 관한 법률'을 제정하였다.

[1] 금융위는 금융기관의 기능과 규모, 다른 금융기관의 연계성 및 금융시장에 미치는 영향력 등을 고려하여 매년 국내 금융시스템 측면에서 중요한 금융기관을 선정

[2] 금융회사의 부실 발생 시 정리 당국이 금융제도의 안정성 유지를 위해 자금지원, 계약이전 또는 파산 등 정리 권한을 행사하여 해당 금융회사를 정상화 또는 퇴출시키는 제도

1.2 사실 한국에는 대형금융회사의 부실 발생 대응법이 없다

* 2020.12. 금융 산업의 구조개선에 관한 법률 개정

2020년 6월 3일 의원발의로『금융산업의 구조개선에 관한법률 일부개정』법률안을 제안했고 2020년 12월 2일 본회의에서 의결하여 2020년 12월 29일 개정 공포했다. 2020년 6월 제안된 의안원문을 통해 일부개정 법률안 제안이유를 살펴보면 다음과 같다.

> 2008년 글로벌 금융위기 당시 대형금융회사의 PF 대출 부실 등으로 인하여 금융시스템의 심각한 혼란이 초래된 후 한국을 포함한 24개 국가가 회원국으로 참여하고 있는 국제기구인 금융안정위원회(Financial Stability Board, 이하 "FSB")는 대형금융회사의 부실 발생 시 신속하고 효과적으로 대응할 수 있도록 '시스템적 중요 금융기관(Systemically Important Financial Institution)'에 대한 정상화·정리(Recovery & Resolution) 체계를 마련하여 이를 회원국에 도입할 것을 권고하였으며, 미국·EU 등 주요국들은 관련 제도를 이미 도입하여 입법화하였음.
>
> 한편, 우리나라의 경우 주요국에 비하여 시스템적 중요 금융기관의 정상화·정리절차가 법·제도상 미흡하여 금융기관의 정상화·정리 체계가 정착되지 못하고 있을 뿐만 아니라, '기한 전 계약종료권 행사의 일시 정지 제도'가 도입되지 않아 금융기관에 대한 정상화·정리절차가 개시되면 시장 불안이 가중될 우려가 있음.
>
> 이에 국제기준에 부합하는 대형금융회사 정리 체계를 도입함으로써 국내 대형금융회사 정리 제도의 국제적 정합성을 확보하고 금융

> 시스템의 안정성을 제고하고자 함.

즉, 국제기준에 부합하는 대형금융회사 정리 체계 도입을 통한 금융시스템의 안정성 제고하고자 일부개정 법률안을 제안하였다. 일부개정 법률안의 심사보고서(정무위원회, 2020.12.)를 살펴보면 개정안의 제안 배경을 좀 더 구체적으로 알 수 있다.

2008년 글로벌 금융위기 당시 대형금융회사의 부실이 금융시스템에 심각한 혼란을 초래하고 부동산 PF의 부실 사태가 발생했다. 이에 따라 각 국가는 부실한 거대금융기관의 파산을 막기 위하여 막대한 재정을 투입한 바 있었다.

G20 정상들은 FSB(Financial Stability Boar, 금융안정위원회)로 하여금 이러한 사태를 미리 방지하기 위한 국제기준을 정립하도록 요청한 결과 FSB는 거대금융기관에 위기가 닥쳐도 재정투입을 최소화하면서 효과적으로 금융시장에서 정리 혹은 정상화하기 위한 규제 체계를 마련하여 2011년 '효과적인 금융기관 정리를 위한 핵심 요소'[3]를 발표하였다.

또한, 바젤위원회(Basel Committee on Banking Supervision; BCBS) 등

---

[3] Key Attributes of Effective Resolution Regimes for Financial Institutions, 2011.11. FSB : 효과적인 금융기관 정리를 위한 12가지 핵심 요소 ①범위, ②정리당국, ③정리 권한, ④상계·상쇄, 담보 설정·고객 자산의 분리, ⑤보호장치, ⑥금융기관 정리 재원 조달, ⑦국가 간 협력을 위한 법적 체계, ⑧위기관리그룹, ⑨금융기관별 국가 간 협력을 위한 협약, ⑩정리 가능성 평가, ⑪정상화·정리 계획, ⑫정보에의 접근 및 정보 공유

각 업권별 국제기준 제정기구와 함께 매년 11월에 글로벌 시스템적 중요 금융기관(Global Systemically Important Financial Institutions; G-SIFI)을 선정하고 이들 금융기관이 '효과적인 금융기관 정리를 위한 핵심 요소'를 갖출 수 있도록 해당 국가에 제도 정비를 권고하였다.

〈 2019년 G-SIFI 현황 〉

국가	G-SIFI로 선정된 금융기관 (30개)
미국(8)	Wells Fargo, JP Morgan Chase, Citigroup, Bank of America, Goldman Sachs, Morgan Stanley, Bank of New York Mellon, State Street
영국(3)	HSBC, Barclays, Standard Chartered
EU(10)	BNP Paribas, Group Credit Agricole, Groupe BPCE, Societe Generale, Deutsche Bank, Santander, Credit Suisse, UBS, Unicredit Group, ING Bank
캐나다(2)	Royal Bank of Canada, Toronto Dominion
일본(3)	Mitsubishi UFJ FG, Sumitomo Mitsui FG, Mizuho FG
중국(4)	Bank of China, Industrial and Commercial Bank of China Limited, Agricultural Bank of China, China Construction Bank

* 은행(G-SIB) 부문 기준(FSB, 2019.11.)

2011년 11월 G20 칸 정상회의에서는 이러한 규제체계를 승인하고 시스템적 중요은행 규제체계를 D-SIB(Domestic Systemically Important Banks, 국내 시스템적 중요은행)에 확대·적용하는 방안을 마련토록 재차 요청하였다.

우리나라는 「은행업감독규정」 및 「금융지주회사감독규정」[4]을 우

---

4 「은행업감독규정」 제26조의2 및 「금융지주회사감독규정」 제25조의2

선 개정하여 2016년부터 국내 시스템적 중요 은행[5]을 선정하고 추가자본요건(1%)을 부과하고 있다.[6] 다만 자본적정성 규제체계에 한하여 적용한 것으로 정상화·정리계획(RRP) 작성, 채권자 손실분담(Bail-in) 제도 도입, 기한 전 계약종료권 일시정지(Temporary stay) 제도 도입 등 바젤위원회 권고가 포함된 법체계가 마련되지 못하고 있었다.

따라서 일부개정 법률안에서는 시스템적 중요 금융기관 선정에 대한 법률적 근거를 마련하고, 시스템적 중요 금융기관에 대한 일관된 정상화·정리 체계(RRP)를 규율하며, 시스템적 중요 금융기관의 기한 전 계약종료권 일시정지 제도(Temporary stay)를 도입하였다. 이러한 제안 배경으로 의원 발의한 일부개정 법률안의 주요내용을 살펴보면 다음과 같다.

[금융 체계상 중요한 금융기관의 자체 정상화 계획 수립 및 관리]
1. 금융 체계상 중요한 금융기관 선정 근거 마련
2. 중요 금융기관의 자체 정상화 계획 수립 및 제출
   · 선정 통보 받은 날로부터 3개월 이내 금융감독원장에게 제출
3. 금융감독원장의 자체 정상화 계획 평가 및 금융위원회 제출

[5] 2020년도 시스템적 중요 은행 및 은행지주회사에는 신한금융지주(신한은행, 제주은행), 하나금융지주(하나은행), KB금융지주(국민은행), 농협금융지주(농협은행), 우리금융지주(우리은행)의 총 11개 기관이 선정됨(2019.6.)

[6] 재무건전성 제고를 통한 부도가능성을 낮추는 방안으로 시스템적 중요 금융기관에 대하여 바젤Ⅲ 자본규제에 포함되는 추가자본 적립을 요구

- 제출받은 날로부터 3개월 이내 금융위원회에 제출
4. 예금보험공사의 부실 정리 계획 수립 및 금융위원회 제출
- 자체 정상화 계획 송부받은 날로부터 6개월 이내 제출
5. 금융위원회의 자체 정상화 계획 조치 요구권 부여
6. 금융위원회의 적격금융거래 기한 전 계약종료권 정지 권한 부여

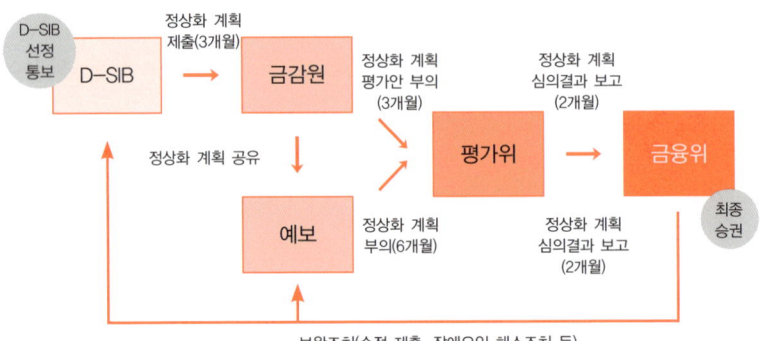

〈 개정안에 따른 정상화 · 정리 계획 업무 개요도 〉

* D-SIB(국내 시스템적 중요은행)(금융위원회, 2019.11.)」

    기존 법령에서는 금융기관의 부실화를 예방하고 건전한 경영을 유도하기 위하여 부실 단계에 따라 권고·요구·명령을 부과하는 적기시정조치(법 제10조)를 규정하고 있다. 그러나 이러한 조치의 발동은 해당 금융기관의 자기자본비율 또는 재무 상태가 일정 수준에 미달하거나, 미달하게 될 것이 명백하다고 판단될 때 한정되는 것이었다.

    시스템적 중요 금융기관이 부실이 발생하기 이전에 경영 위기 상황 등에 대비하여 자체적으로 건전성을 회복하기 위한 '정상화 계획'

을 수립하거나, 정리 당국이 해당 금융기관 자체적으로 건전성을 회복하기 불가능한 때를 대비하여 체계적인 '정리 계획'을 사전에 수립하도록 하는 정상화·정리 계획 제도에 대해서는 아무런 규정을 두고 있지 않았다.

아시아를 포함한 FSB 회원국(24개국) 대부분이 글로벌 금융위기 이후 FSB 권고에 따라 정상화·정리 계획 제도의 도입을 완료한 상태로서, 개정안은 대형금융회사 부실로 인한 금융시스템 혼란과 '큰 은행은 파산하지 않는다.'라는 잘못된 인식에 따른 도덕적 해이를 방지하기 위하여 시스템적 중요 금융기관에 대한 정상화·정리 계획 수립을 의무화하고 금융위원회 산하 평가위원회에서 해당 계획을 심의하며 금융위원회가 최종 승인하도록 하려는 것이다.

다시 말하자면 미국·EU를 비롯한 주요국들은 대형금융회사의 부실 발생 시 신속하고 효과적으로 대응할 수 있도록 '시스템적 중요 금융기관'에 대한 정상화·정리 체계를 마련하고 있었다. 이에 우리나라에서도 개정 법률을 통하여 시스템적 중요 금융기관의 정상화·정리절차을 체계화 하였고 부동산 PF대출 유동성 한계 등 부동산 금융 리스크에 대한 대형금융회사의 부실화 방지 체계를 마련하였다.

⟨ 정상화·정리 계획 도입 현황 ⟩

구분	북중미	유럽	아시아 등 기타
도입 (20)	캐나다, 멕시코, 미국	프랑스, 독일, 이태리, 네덜란드, 러시아, 스페인, 스위스, 영국	아르헨티나, 브라질, 호주, 중국, 홍콩, 일본, 싱가포르, 남아공, 인도네시아
미도입 (4)	–	터키	인도, 한국, 사우디

* FSB, 2019.11.

1.3 저축은행의 부실 대출과 흔들리는 서민금융

2007년 후반 미국 서브프라임모기지 대출의 부실에서 시작된 글로벌 금융위기는 국내 금융시장뿐만 아니라 부동산 시장에도 침체를 가져와 부동산 PF 사업에 브릿지론(bridge loan)[7] 등 여신업무를 담당하였던 저축은행의 재정에 악영향을 끼쳤다.

PF대출은 원칙상 대출 시 사업 자체의 경제성을 평가하여 리스크를 관리해야 한다. 그러나 실제 시행사는 건설사 등의 신용이나 물적 담보를 통해 이루어지며 사업의 진행 과정에서 이루어지는 수익금으로 대출을 변제한다. 도시개발사업의 경우 금융사는 PF대출을

---

[7] 신용도가 낮은 시행사 등이 특정 부동산 개발사업장의 개발 자금을 제2금융권에 높은 이자를 내고 빌려 쓰다가 사업이 진행되면서 자산가치가 높아지고 사업성이 좋아져 리스크가 줄어들게 되면 제1금융권의 낮은 이자의 자금을 차입하게 되는데, 이때 저축은행 등 제2금융권 차입금을 브릿지론이라 함

이룰 수 있는 기준은 실시계획인가 시점으로 본다. 실시계획 인가 전에는 시행사가 자본의 여력이 없으므로 건설사의 기업 여신이나 저축은행 등에서 브릿지론을 활용한다.

저축은행(舊 상호신용금고)은 1972년 8월 3일 금융 양성화 조치에 따라 서민·중소기업 금융지원을 위한 금융회사로 출범하였다. 1972년 출범 당시 총 350개에서 1997년 외환위기, 2003년 가계 신용위기 및 2008년 금융위기 등을 거치면서 2011년 기준 105개로 무려 245개나 감소하였다.

저축은행은 은행과 같은 예금보장한도와 고금리 수신으로 2010년 기준 정기예금 비중 은행 58.4%, 저축은행 90.1%의 자금조달은 용이하나, 정기예금 위주의 취약한 조달 구조를 보였다.

자산운용은 2003년 소액 신용대출 부실화 및 2005년 이후 부동산 경기 활성화 시기 이후 2006년부터 여신한도 완화 등 규제 완화 정책으로 2011년 기준 부동산 관련 대출 비중 43%, 비중 내 PF 대출은 13%로 부동산 PF대출을 지속 확대 하였다(금융위원회 보도자료, 2011.7.21.).

2008년 글로벌 금융위기로 인하여 부동산 경기침체 지속에 따른 PF대출 부실 확대되어 대형 대부업체 등의 시장 잠식 확대 및 주 고객층의 신용위험이 발생하였다. 더욱이 저축은행의 부실이 완전히 청산되지 않은 상태에서 저축은행을 다른 금융기관으로 인수시키는 작업이 진행되었다. 이에 따라 예금보험기금 내의 저축은행 계정이

2010년 말 기준으로 2.8조 원의 부실에 이르렀고, 저축은행의 부실도 감춰졌을 뿐 청산되지 않았던 측면이 2011년 저축은행 부실 사태의 주요한 원인이라는 분석도 있다.

2011년, 한국 금융시장은 저축은행 연쇄 영업정지 사태로 큰 충격을 받았다. 이 사태는 삼화저축은행의 영업정지 발표로 시작되어, 부산저축은행 등 총 16개 저축은행이 영업정지되며 금융권에 큰 파장을 일으켰다. 주된 원인은 부동산 프로젝트 파이낸싱(PF) 대출 등 리스크가 큰 사업에 대한 무분별하고 불법적인 대출 제공으로 인한 부실채권 증가였다. 금융당국은 빠르게 대응하여 16개 저축은행을 정리하고, 경영 안정화 방안을 발표했다. 하지만 이 과정에서 저축은행 업계의 자산은 크게 감소했고, 부동산 PF대출에 의존하던 저축은행들은 큰 어려움에 직면했다. 당국의 구조조정은 저축은행의 기형적인 경영 포트폴리오 정상화 작업으로 볼 수 있으며, 정상 영업 중인 저축은행들의 추가 부실에 대한 우려도 남겼다.

당시 부동산 관련 대출이 많은 저축은행은 경기 회복 지연으로 부실 채권 비율이 상승하여 건전성이 악화하고, PF대출 부실화 및 캠코 매각 PF 채권에 대한 사후정산 충당금 적립 (3년 기준으로 매입 가 하회 시 저축은행이 부족분 보전) 등으로 수익성이 더 악화하였다.

금융위원회의 자료에 따르면 2011년 기준 저축은행은 전국적으로 105개의 저축은행이 영업하고 있었고, 이중 삼화저축은행, 부산 및 대전저축은행 등 총 8개 저축은행은 부실 금융기관으로 지정되어 영업이 정지되었다. 특히, 저축은행은 PF대출 시 사업성에 대한 리스크 평가가 각 기관의 평가자에 따라 달리 평가되는 등 객관성이 없어 실제 감독기관이 검사하는 경우 회계 분식이 이뤄지고 있었다.

〈 저축은행 PF대출 규모 및 연체율 〉

(단위: 조 원, %, 2011년 기준)

구 분	2008.12.	2009.12.	2010.9.	2010.12.
PF대출	11.5	11.7	12.4	12.2
연체율	13.2	10.4	25.5	25.1

* 예금보험공사, 2011.

캠코는 2011년 기준으로 총 66개 저축은행으로부터 6.2조 원 규모의 부실 PF대출 채권 매입을 위한 공적자금을 투입하였다. 이로써 59개 사업장이 자율구조조정 협약 등으로 정상화 작업을 추진하였다. 이러한 저축은행 사태로 인하여 예금자 등 피해가 발생하였지만 금융실명법에 따라 예금명의자 기준 보호 한도 원리금 통산 5천만 원 한도로 예금을 보호하고 있었다.

저축은행 사태의 가장 큰 원인은 대출금 회수의 어려움이었다. 부동산 PF대출이 객관적 심사 없이 이루어진 탓에 나타난 리스크 관리 부재와 글로벌 금융위기로 인한 경기침체, 건설사 구조조정 등이 그 이유다.

글로벌 금융위기 이후 2010년 건설사들 동향을 2010년 3월 3일자 매경이코노미 보도자료를 통해 살펴볼 수 있다. 대부분 공동주택

건설 위주로 2009년 12월 말 기준 전국 미분양아파트는 12만 3,297가구로 이중 '준공 후 미분양'은 5만 74가구로 지속해서 늘어났다. 따라서 건설업체의 시행사 부도 등으로 건설사가 떠안게 되는 PF대출 채무인 PF 우발채무 잔액은 50조 1,000억 원으로 2008년 6월에 비해 10조 원 가까이 늘었다.

특히 2009년 기준으로 36개 건설업체의 PF 46조 원 중 53%에 이르는 24조 원이 1년 이내 만기가 돌아와 이를 상환하지 못해 부도처리 되는 중견 건설사들이 발생했다.

이러한 사건들이 계기가 되어 2012년 7월 10일 정부 제안으로 상호저축은행법 개정안이 제출되었다. 여기에서는 건전한 자산운용을 유도하기 위하여 일정 규모 이상의 자산을 가진 상호저축은행에는 여신심사위원회 및 감리 부서를 두도록 하고, 상호저축은행 거래자의 권익 보호를 위하여 상호저축은행상품 판매 시 예금자 보호 여부 등에 대한 설명의무 및 상호저축은행상품의 광고에 대한 사전 심사 제도를 도입하였다. 특히 저축은행이 부동산 개발·공급 사업에 참여하는 경우 PF대출 규모(신용공여의 합계)를 자기자본의 일정 수준에서 제한하였다.

1.4 부실여신 취급억제를 위한 심사 기능 및 예금자 보호 강화

*2012.7. 상호저축은행법 개정

2012년 7월 10일 정부가 제출하고 2013년 7월 개정 공포된 『상호저축은행법』 일부개정 법률안의 제안 사유와 내용은 다음과 같다.

> 상호저축은행의 건전한 자산운용을 유도하기 위하여 일정 규모 이상의 자산을 가진 상호저축은행에는 여신심사위원회 및 감리 부서를 두도록 하고, 상호저축은행 거래자의 권익 보호를 위하여 상호저축은행상품 판매 시 예금자 보호 여부 등에 대한 설명의무 및 상호저축은행상품의 광고에 대한 자율심의제도를 도입하며, 상호저축은행에 대한 대주주의 부당한 영향력을 억제하기 위하여 금융감독원장이 대주주를 검사할 수 있도록 하는 한편, 그 밖에 현행 제도의 운용상 나타난 일부 미비점을 개선·보완하려는 것임.

[상호저축은행에 대한 강화 조치 요약]
1. 상호저축은행 거래자 보호 및 건전성 제고
2. 후순위채권 매출·모집 제한
3. 동일 계열상호저축은행의 유가증권 투자 제한
4. 대주주 검사제도 도입 및 제재 강화
5. 상호저축은행에 대한 경영지도 제도 개선

상호저축은행 여신의 건전성 제고를 위해 여신심사 업무를 수행하는 여신심사위원회와 여신의 적정성 등을 감리하는 부서를 설치·운영하는 것으로 하고 상호저축은행 거래자에 대한 보호 강화 방안으로 예금이나 후순위채권 등과 같은 상호저축은행상품 판매 시 거래자에게 예금자 보호 여부, 거래 조건 등을 설명하도록 하고, 상호저축은행상품 광고 시 유의 사항을 규정하는 한편, 광고에 대한 사전 심사 제도를 도입하였다.

또한 후순위채권 매출·모집 제한 및 동일 계열상호저축은행의 유가증권 투자 제한 등 도입하였다. 상호저축은행의 후순위채권 매출·모집 제한을 통해 투자자 보호를 강화하는 한편, 동일 계열상호저축은행의 유가증권 투자 제한 등의 도입을 통해 동일 계열상호저축은행 간의 동반 부실화를 예방할 수 있다.

법 개정 전의 저축은행은 대주주·경영진의 모럴해저드 속에서 가계 신용위기 이후 여신금융회사로서 갖추어야 할 여신심사 역량 제고 등 기본적인 노력이 미흡했고, 설립 취지와 달리 대형저축은행을 중심으로 PF대출 등 고위험 자산운용에 과도하게 치중함에 따라 전통적 영업 기반인 서민·중기 대출 시장에서 경쟁력을 상실하고 부동산 경기침체가 지속됨에 따라 부실이 심화되는 문제점을 개선, 보완하는 것에 중점을 두었다.

개정안은 저축은행의 취약한 지배구조 개선, 과도한 외형 확대 방지 및 소비자 권익 보호 제고 등을 위하여 감독 제도를 강화하고, 서민금융기관으로서 본연의 기능을 활성화하기 위하여 영업 기반 확충 등 저축은행의 경쟁력을 높이는 방안을 마련하고, 그 밖에 부당 예금인출 방지, 임원 결격 요건 강화 및 과태료 수준 상향 조정 등의 제도를 도입하였다.

개정안에서는 대주주의 불법 대출 시 해당 대주주에 대해서도 과징금을 부과하는 등 대주주에 대한 행정적·사법적 제재 수준을 대폭 강화하고 있다.

기존 법안은 부동산 PF 관련 대출의 경우, 동일 PF 사업장 내 2개 이상의 복수의 차주에 대하여 대출을 취급할 때, 복수의 시행사가 서로 동일 차주가 아니더라도 사실상 같은 신용위험에 노출됨으로써 저축은행의 여신 리스크가 증대되는 문제가 있었다.

특히, 대형저축은행 중심으로 동일 PF 사업장 내에서 복수의 차주에 대한 대출 규모가 확대되었지만, 부동산경기의 침체와 함께 해당 PF 사업의 부실해짐에 따라 결국 연쇄적으로 대형저축은행의 부실을 초래하고 있었다.

따라서 동일 PF 사업장 내에서 복수의 차주에 대한 대출에 대해서도 동일 차주에 대한 여신과 같이 100분의 25 이내에서 제한함으로써 저축은행의 PF대출 등 과도한 거액여신을 제한하여 경영 건전성을 강화하려는 내용으로 개정되었다.

동일 PF 사업장 내 2개 이상의 차주에 대해서는 개별차주 신용공여 한도[8]와 별도로 동일 차주 차원의 신용공여 한도 규제를 적용하

---

8 제12조(개별차주 등에 대한 신용공여의 한도)

되, 기존 여신 중 한도 초과 여신의 경우에는 거래 차주의 피해 방지 등 연착륙을 위해 초과 부분 해소를 위한 충분한 유예기간[9]을 부여하였다.

개별·동일 차주에 대한 계열저축은행의 여신한도가 도입되어 있지만, 유가증권 투자[10]나 PF 사업장에 대한 대출의 경우 특별한 규제가 없어서 계열화를 통한 규제 회피의 유인이 발생할 수 있고, PF 사업 공동대출, 고위험 유가증권 공동 투자 등으로 인해 동반 부실화 문제가 악화하고 있었다.

〈 계열저축은행 현황 〉

(단위 : 억 원)

구 분	'10.12말		영업정지 ('12.6.말 기준)	'12.6말	
	저축 은행	총자산		저축 은행	총자산
계열현황	31개 사	523,447	11개 사	16개 사	159,150

* 정부 제출안 검토보고서(2012.9.)

① 상호저축은행은 개별차주에게 해당 상호저축은행의 자기자본의 100분의 20 이내 한도를 초과하는 신용 공여를 할 수 없으며, 금융위원회가 정하는 바에 따라 연결 재무제표를 작성하여야 하는 계열관계에 있는 상호저축은행의 개별차주에 대한 신용 제공 합계액은 연결 재무제표에 따른 자기자본의 100분의 20 이내
② 개별차주(대통령령으로 정하는 자는 제외한다)에 대한 거액신용공여의 합계액은 상호저축은행의 자기자본의 5배 미만

[9] 원칙상 2년의 유예기간. 다만, 신용공여 규모 등 불가피한 경우 금감원장 승인을 얻어 1년 이내의 범위 내에서 유예기간 연장 가능
[10] 2012.3월 말 기준 저축은행의 유가증권 보유 총액은 7조 9,059억 원으로 자기자본 대비 266.9%에 이르는 규모

따라서 계열저축은행에 대해서는 감독의 강화를 통해 계열저축은행의 동반 부실화를 예방하고 개별·계열저축은행 간 규제 차익을 해소하였다.

1.5 강원도 레고랜드 부도 선언과 부동산 시장의 위축

2022년 9월 20일에 강원도 레고랜드의 개발을 맡은 강원중도개발공사가 2,050억 원 대출금 중 412억 원 자체상환 불가인 상태를 보고했다. 2022년 9월 28일 지급보증 대상자인 강원도는 자산유동화 증권(ABCP)의 대환을 포기하고 기업회생을 신청하면서 공사는 기한이익상실 상태에 빠졌다. 그 여파로 한국의 채권 신용도가 다 같이 폭락했다. 일명 '레고랜드사태'로 촉발된 지자체 PF 보증채권 신용도 하락이 2022년 10월 고금리 상황과 맞물려 비슷한 채권들이 유찰되는 사태가 발생하였다.

그 후 1년 동안 부동산경기가 회복되지 못한 상태에서 금융기관들이 부동산 PF 부실 우려에 따라 대출 축소 정책으로 바꾸고 금리 상승까지 겹치면서 중·소 건설업체는 물론 대형건설업체들까지도 재무 건전성 위기가 지속되었다.

레고랜드 테마파크 기반 조성 사업을 진행하던 강원중도개발공사(GJC)에 대한 법원 회생 신청 발표 이후 PF와 크레디트 시장에 큰 충격이 발생했다. 이 사태로 인해 국내 금융시장이 급격히 얼어붙었으며 건설업계의 자금줄이 막혀 재무 건전성이 크게 악화된 것이다. 레고랜드 사태 발생 1년 후에도 여진은 지속되었다. 금융기관들이 리스크 관리 기조로 전환하고 금리 상승이 맞물리면서 건설 자금 대출 및 차환 리스크가 확대되었다.

레고랜드 사태 이후 금융시장 경색 하에서 건설사들의 위기가 이어졌다. 시장 금리 상승세와 불확실한 경기 전망으로 금융기관의 자금줄이 말라붙었고, PF대출 고금리 부담이 더해졌다. 대형건설사가 준공을 확약한 PF 사업장의 선순위 대출 금리는 연 10% 이상까지 치솟았다. 자금조달 여건이 악화한 가운데 건설사의 PF 보증 규모 자체도 줄지 않고 착공·분양이 지연되면서 기존 우발채무가 해소되지 않았다.

한국신용평가에 따르면, 2023년 6월 말 기준 PF 보증이 존재하는 건설사의 합산 금액은 지난해 말 대비 1조 7,000억 원 증가한 27조 7,000억 원 수준이었다. 이 중 상당 부분이 만기에 도래하는 상황이며, 도급 순위 상위권에 속하는 대형건설사 역시 우발채무 부담이 커질 수 있는 위험에 직면해 있었다. 중소건설사들의 재무 환경은 더욱 심각한 상태였다. 증가한 공사비와 지연된 공기로 인해 손실이 크게 확대된 상태였고 금융기관들의 대출 거절로 인해 유동성 위기까지 경험하고 있었다.

부동산 PF의 경우 프로젝트 자체의 사업성을 기준으로 금융기관의 대출이 이루어질 수 없는 현실적인 한계로 대형건설사 지급보증이나 지자체 지급보증이 있어야만 금융기관이 대출을 해주는 구조였다.

따라서 레고랜드 사태에 따라 건설사, 정부, 금융기관이 공조해 유동성 리스크에 대응하였으나 PF 우발채무 리스크는 ABCP(부동산 관련 자산을 담보로 발행되는 기업어음) 금리를 급격히 상승시켰고, 고금리에도 불구하고 차환이 쉽지 않았다. 결국 PF대출이 막히면서 중견 건설사였던 ○○ 건설과 ○○ 건설 등이 2022년 부도 처리됐다.

이에 정부는 PF대출 경색 해소를 위해 2022년부터 1년간 자금을 투입했다. 부동산 PF 사업장 보증 지원 약 15조 원, 회사채·CP 매입프로그램 16조 원, 미분양 주택 대출보증 5조 원 등 당초 총 95조 원 규모의 유동성 공급을 계획했다. 실제로는 기재부와 금융위원회에서 약 50조 원, 한국은행에서 약 42조 5,000억 원, 5대 금융 지주에서 95조 원으로 약 200조 원을 투입했다(서울 파이낸스, 2023.10.23.).

그러나 이러한 금융지원에도 건설사들의 자금 상황은 나아지지 않았다. 부동산 PF대출 잔액은 2022년 말 130조 3,000억 원에서 2023년 상반기 133조 1,000억 원으로 늘어났고, 같은 기간 연체율도 1.19%에서 2.17%로 상승했다. 건설사들의 PF 우발채무는 레고랜드 사태 전인 2022년 6월 말 대비 크게 증가했다. 한국기업평가에 유효등급을 보유한 21개 주요 건설사의 2023년 8월 말 기준 PF

관련 신용보강[11] 규모는 22조 8,000억 원으로 2022년 6월 말(18조 원) 대비 약 29% 증가하였다.

  2023년 9월 '금융위원회'가 주관한 '부동산 PF 사업 정상화 추진 상황점검' 회의 내용에 따르면 2023년 6월 말 기준 금융권 부동산 PF대출 연체율은 2.17%로 3월 말(2.01%) 대비 +0.16%P 상승하였으나 상승추세는 크게 둔화되었다고 하였다.

〈 금융권 부동산 PF 대출 현황 〉

(단위 : 조 원, %, %p)

구 분		'20말	'21말	'22말	'23.3말(A)	'23.6말(B)	증감(B-A)
은행	대출잔액	26.1	32.5	39.4	41.7	43.1	+1.4
	연체율	0.29	0.02	0.01	–	0.23	+0.23
증권	대출잔액	5.2	4.6	4.5	5.3	5.5	+0.2
	연체율*	3.37	3.71	10.38	15.88	17.28	+1.40
보험	대출잔액	36.4	42.0	44.3	43.9	43.7	△0.2
	연체율	0.11	0.07	0.60	0.66	0.73	+0.07
저축은행	대출잔액	6.9	9.5	10.5	10.1	10.0	△0.1
	연체율	2.43	1.22	2.05	4.07	4.61	+0.54
여신전문	대출잔액	13.8	19.5	26.8	26.1	26.0	△0.1
	연체율	0.28	0.47	2.20	4.20	3.89	△0.31
상호금융	대출잔액	4.1	4.9	4.8	4.5	4.8	+0.3
	연체율	0.30	0.09	0.09	0.10	1.12	+1.03
계	대출잔액	92.5	112.9	130.3	131.6	133.1	+1.5
	연체율	0.55	0.37	1.19	2.01	2.17	+0.16

그러나 고금리 상황 지속, 공사원가 및 안전 비용 상승 요인 등으

---

11 '신용보강'이란 다음 차환에 회사의 신용등급이 하락하지 않기 위해 보강해야 하는 자금

로 부동산 PF 시장 불안 요인이 남아 있는 만큼 지속적인 관찰·관리가 필요하고, 대주단·시행사·시공사 등 PF 사업장 이해 관계인들이 먼저 정상화 노력을 지속할 필요가 있다는 의견이 많았다.

이에 따라 정부는 2023년 9.26. 부동산 대책으로 주택도시보증공사(HUG)와 주택금융공사 등 공적 보증기관의 PF대출 보증 규모를 기존 15조에서 25조 원으로 확대했다.

또한 PF대출(유동화증권 포함) 보증의 대출한도를 기존 전체 사업비 50%에서 최대 70%로 확대해 사업자 추가 자금 확보를 지원한다. 건설사와 사업성 있는 정상 PF 사업장 중심으로 정책·민간 금융기관의 금융지원을 하겠다는 것이다. 부실·부실 우려 사업장은 사업 재구조화에 필요한 신규 자금도 지원하는데, 만기 연장, 이자 유예, 채무조정 등 '대주단 협약'을 했다. 8월까지 187개 사업장에 적용됐고 152개 사업장에서 재구조화가 진행됐다.

HUG 중도금대출 보증 책임 비율을 현행 90%에서 100%로 확대해 시중은행의 원활한 중도금대출 실행지원과 더불어 은행권 중도금대출 심사 시 초기 분양률 등에 과도하게 보수적 기준을 적용하는 관행 등을 막기 위해 지속적인 점검도 진행한다는 계획을 포함했다.

정부는 민간업체에 대한 대출 규제 완화를 통해 레고랜드 사태로 촉발된 부동산 시장의 안정화를 도모했지만 강원도 지급보증 사례로 지방채무가 급격히 증가했다. 이로 인해 지자체 재정건전성의 중요성이 더욱 강조되어 보증채무 등이 포함된 지방재정 투자사업 중앙의뢰 심사를 의무화 하는 등 규제를 강화하는 쪽으로 2023년 9월 26일『지방재정법 시행령』을 일부 개정하였다.

　법안 개정으로 인해당시 필자가 근무 중인 회사에서 시행하는 공유지 주차장 용지 사용 허가와 행복주택 건립 두 가지가 지체되었다. 공유지 주차장 용지의 사용 허가는 2021년 행정안전부 지방재정투자심사 완료한 상태였다. 행복주택 건립은 사업 기간 20xx년~20xx년의 지하 n층~지상 nn층 연면적 14,000㎡ 이상, 약 150세대, 공용주차장 약 120면, 근생시설, 사업비 약 500억 원 내외였다.

　그러나 레고랜드 사태가 이슈가 됨에 따라 개정안이 입법 추진(입법예고, 2023.4.~5.) 기간 중임에도 중앙투자심사 기준을 강화하여 행정안전부에서 지자체를 통해 재심사통지를 받았다. 사업 기간이 2023.6월 주택 건설사업 계획 승인 이후 2023.10월 재심사통지에 따라 착공 기간 순연되어 약 4개월 늦춰질 수밖에 없었다.

1.6 지방재정 투자심사 요건 강화만이 답일까

* 2023.9. 지방재정법 시행령 개정안

　2023년 9월 26일 일부 개정된『지방재정법 시행령』일부개정안의 제안 사유와 내용은 다음과 같다.

최근 지방채무의 급격한 증가 등으로 인해 재정건전성의 중요성이 더욱 강조되고 있고, 레고랜드와 같은 사례가 재발하지 않도록 지자체의 보증채무 부담 등에 대해 사전적인 심사를 강화할 필요성이 있어 보증채무 등이 포함된 지방재정 투자사업의 중앙의뢰심사를 의무화하고, 인구감소 대응, 재해복구 등 신속한 추진이 중요한 사업에 대해서는 지방재정 투자심사 간소화를 추진하는 등 현행 제도의 운용상 나타난 일부 미비점을 개선·보완하려는 것임.

[지방재정법 시행령] 일부
1. 지방재정 투자사업의 중앙의뢰심사 의무화(단, 재난복구 사업 및 민간투자법 주무관청 사업 제외)
2. 중앙투자심사위원회 위원 수 확대 및 전문성 강화
3. 투자심사 면제 협의절차의 객관성 확보
4. 보증채무 등 포함 사업에 대한 재심사 요건 마련
5. 자체 지방재정 투자심사 후 재심사 요건 해당 시 상급 기관에 의뢰

부동산개발사업에 대해 지자체의 무분별한 보증채무 부담행위를 방지하기 위하여 채무보증에 대한 중앙정부의 관리 감독을 대폭 강화하는 방향으로 개정되었다. 레고랜드 사태로 촉발된 지자체의 채무불이행에 따른 부동산 PF대출 제한 등으로 부동산 시장악화에 따른 지자체의 무분별한 부동산개발사업 지급보증을 제한하려는 목적이 있다.

부동산 개발사업에 있어서 재원 조달은 대부분 기형적인 부동산

PF를 통해서 이루어져 왔다. 부동산 개발 시행자는 프로젝트의 사업성에 대한 리스크가 상존하는 한 본질적인 PF 대신 건설사의 지급보증, 지자체의 보증채무, 인허가 및 시공사 지급보증을 전제로 한 금융기관의 대출 등으로 재원 조달을 시행한 것이다.

만일 정부에서는 지자체나 공적 보증기관의 PF대출 조건을 강화하는 방향으로 법령을 개정한다면 전통적인 부동산 PF대출 중심 부동산개발사업의 재원 조달은 더욱 어려워져 부동산 시장의 큰 혼란이 예상이 올 수 있는 상황이다.

지자체가 참여하는 사업의 경우 지방재정 투자심사 요건이 강화되어 사업이 중단되거나 과도한 조건부여, 재투자 심사에 따른 사업기간 장기화가 우려되어 지자체 참여사업에 대한 민간 참여는 더욱 어려워질 것으로 예상되므로 투자심사 요건이 지자체 보증채무에 중점을 두기보다는 사업 자체의 사업성을 객관성있게 보완하는 방향으로 투자심사, 재심사 기준 등이 완화될 필요성이 있다.

2 REITS의 등장

2.1 리츠, 부동산개발사업 재원 조달의 새로운 길

리츠(Reits : Real Estate Investment Trusts, 부동산투자회사)는 1960년 미국에서 최초 도입되었다. 리츠는 주식회사 형태의 간접투자기구로, 일반인의 부동산 간접 투자 기회를 확대하고 부동산 현황과 가격 등의 정보를 투자자에게 제공한다. 부동산 시장의 투명성을 제고함으로써 부동산 가격안정을 도모하며 부동산 증권화를 통한 자본시장 육성을 지원할 수 있도록 하는 기업체다. 2000년 이후 자본시장과 부동산 시장의 통합이 전 세계적인 추세로 발전하면서 부동산 유동화 및 증권화의 방편으로 유럽 및 아시아로 급속히 확산하였다.

우리나라는 1997년 외환위기 이후 기업들의 보유 부동산 유동화를 통한 기업구조조정을 촉진하기 위해 1998년부터 입법 준비를 거쳐 2001년 4월 7일 부동산투자회사법이 제정되었다. 부동산투자회사법은 2000년 11월 정부가 제안한 지 5개월 만에 법률 제정 공포되었다. 당시 부동산투자회사법안에 대한 정부의 심사보고서 내용에 제도의 필요성을 다음과 같이 강조했다.

> 리츠는 부동산 투자에 따른 이익을 모든 투자자가 균등하게 얻을 수 있게 하고 기업, 금융기관, 건설회사 등의 부동산 매각을 원활하게 하여 실물경제의 구조조정을 지원할 수 있는 이점이 있다.
> 또한, 개발에 필요한 자금을 자본시장을 통하여 소액투자자와 은행 등 기관투자자로부터 직접 조달함으로써 최근의 침체된 건설경기를 활성화할 수 있을 것이다.
> 리츠라는 선진국의 부동산 제도 도입을 통하여 부동산의 현황, 가격 등의 정보가 일반투자자에 제공되어 부동산 시장의 투명성을 높이고 장기적으로는 부동산 가격안정을 도모할 수 있다.
> 은행, 연금, 기금, 보험회사 등 기관투자자에게 안전한 투자 상품을 제공하여 자본시장의 규모를 확대하고 자본시장의 육성을 지원할 수 있는 측면도 있다.
> 리츠의 도입으로 기업, 금융기관, 건설회사 등의 부동산 매각을 원활하게 하여 실물경제의 구조조정을 지원하고, 정보가 일반투자자에 제공되어 부동산 시장의 투명성을 높이고 장기적으로는 부동산 가격안정을 도모하고, 자본시장의 규모를 확대하고자 하였다.

그리고 리츠의 성격을 주식회사, 간접 투자기관, 부동산 전문기관, 금융기관의 특성 구분하며 다음과 같이 설명하였다.

> 리츠는 부동산과 관련된 주식공모를 통하여 다수의 투자자로부터 모은 자금을 부동산(상업용 건물, 주택 등 관리 또는 개발사업 등)에 투자하고 얻은 이익을 투자자에게 배분하는 실체가 있는 주식회사이다.
>
> 또한 부동산의 증권화를 통하여 부동산의 유동성을 높여 일반인의 부동산에 대한 투자를 대행하는 간접 투자기관이다.
>
> 즉 실질적인 영업 측면에서는 부동산 임대 및 개발사업 등을 수행하는 부동산 전문기관이나 대규모 자금모집 및 투자 이익의 배분을 목적으로 하는 금융기관의 특성도 있어, 부동산 전문기관이나 금융기관의 성격이 결합한 복합형태의 기관으로 볼 수 있다.

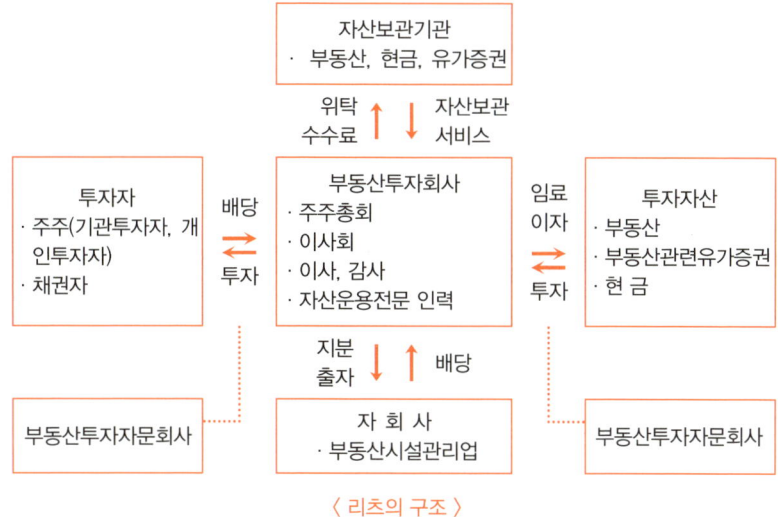

〈 리츠의 구조 〉

* 부동산투자회사법안 심사보고서(2001.3., 건설교통위원회)

2001년 당시 리츠 제도에는 부동산투자회사가 자산을 부동산에 투자하여 운용하는 목적회사로만 정의하였고, 자산의 투자운용방법에 따라 세분화 하지 못했다. 따라서 초기에는 기업구조조정 부동산에 전문적으로 투자하여 기업의 구조조정 및 재무구조를 개선하는 CR리츠(기업구조조정부동산투자회사)를 도입하였다.

　리츠 제도는 다른 부동산 이슈처럼 사건, 사고 등 문제점 발생 시 이를 빠르게 해결하려고 강력히 제한하려는 것과는 다르게 규제를 대폭 완화하는 등 제도의 활성화에 초점이 맞춰져 있었다. 따라서 리츠 제도가 도입된 이후 진입장벽을 낮추고 부동산개발사업 투자 확대가 필요하다는 사회적 분위기가 형성되었고 관련 내용으로 법률 개정이 추진되었다.

〈 개정 리츠법 내용 〉

구분	현행	개정
리츠 형태	일반, CR리츠	일반, CR, 페이퍼컴퍼니 리츠
최저 자본금	500억 원	250억 원
현물 출자	일반은 불가, CR은 자본금의 30%	자본금의 50%
개발사업 투자	자기자본 30%(건교부 인가)	총자산 30%(주총 특별결의)
차입	차입 및 회사채 발행 금지	자기자본 2배 내에서 허용
1인당 주식 소유 한도	10%	30%
자산 구성	자산의 90% 이상은 부동산 관련으로 구성	자산의 80% 이상은 부동산 관련으로 구성

* 건설교통부

2004년 개정 당시 리츠의 진입장벽이 낮아지고 설립 및 영업활동 규제가 완화되면서 부동산 간접 투자 기회가 늘어날 것으로 보았다. 건설교통부가 '부동산투자회사법 개정안'을 통해 리츠 형태를 다양화하고 설립 최저자본금을 500억에서 250억으로 줄이는 등 리츠 시장 활성화를 추진했다. 이 개정안은 2004년 하반기에 국회 의결을 거쳐 연말쯤 시행될 예정이었다. 새로운 명목회사 형 리츠(페이퍼컴퍼니 리츠) 도입으로 법인세 등 세제 혜택을 받게 되어 CR리츠와 비슷한 수익률을 기대할 수 있게 됐다. 리츠의 투자 대상 확대와 투자 규모 제한 완화 등으로 리츠 시장의 진입장벽이 낮아지고 투자자들에게 더 많은 기회를 제공할 수 있을 것으로 예상했다.

리츠 제도가 생긴 지 3년 뒤인 2004년 10월 22일 부동산투자회사의 설립과 영업활동에 대한 규제를 완화할 목적으로 부동산투자회사법이 일부 개정 공포되었다. 당초 리츠의 종류가 CR리츠에 한정되어 있던 것을 자기관리 부동산투자회사·위탁관리부동산투자회사로 세분화하여 부동산에 대한 다양한 형태의 투자가 이루어질 수 있도록 하였다.

그리고 리츠 설립의 최저자본금을 500억 원에서 250억 원으로 인하하고, 자본금의 50퍼센트 범위에서 현물출자에 의한 회사 설립이 가능하게 하여 리츠 회사 설립이 쉽게 하였다. 또한 부동산개발사업에 투자할 수 있는 한도를, 자기자본의 30퍼센트 범위에서 총자산의 30퍼센트 범위로 확대하였다.

하지만, 당시 부동산에 대한 간접투자상품인 부동산펀드와 비교 시 리츠는 설립, 공모, 세제 등 규제가 여전히 까다로웠다.

부동산펀드 등과 리츠는 모두 일반투자자로부터 자금을 모아 운용한다는 점은 같으나 부동산펀드는 간접투자자자산운용법에 근거를 둔 일종의 수익증권이다. 또한 신탁형이기 때문에 자본금 규제, 재원 조달 규모가 크며, 부동산개발사업 투자 가능, 개인의 소액 투자가 가능하다.

반면에 리츠는 부동산투자회사법에 규제받는 회사 형이다. 그래서 투자 대상, 설립자본금, 운용 인력, 세제 혜택 제한 등이 있다. 특히 다른 간접투자기구와 달리 예비인가·설립인가의 단계적 인가 절차를 채택함에 따라 리츠를 설립한 후 영업개시까지 최소 60일 정도의 기간(부동산펀드의 경우 24일)이 소요되어 신속한 투자가 어렵다.

그런데도 리츠는 전문인력이 운용하고, 투자 기간에 환매 가능 등 회사 형으로 운용되는 안정적인 장점이 있다.

이후에도 리츠는 투자자 보호를 위한 공시제도 강화 부문을 제외하고 규제 완화와 시장 활성화에 목적을 두고 법이 개정되었다.

〈 리츠의 규제 완화 흐름 〉

구 분	기존 법안	개정 법안
리츠형태	일반, CR	일반, CR, 자기관리, 위탁관리
설립	예비 인가 후 설립 인가	영업 인가
최저자본금	500억 원	250억 원 → 100억 원 → 70억 원(자기관리), 50억 원
현물출자	자기자본 2배 이내	자기자본 10배 이내
기타	-	법인세 면제

리츠의 설립인가제에서 영업인가제로 전환, 최저자본금 더욱 완화(250억 원→100억 원), 공모요건 완화(국민연금 등 30% 이상 참여시) 및 법인세 감면 등을 내용으로 하는 부동산투자회사법 개정안이 2007년 7월 제정되었다. 특히 개정안에는 부동산개발사업을 전문으로 하는 개발 전문 리츠(부동산개발사업을 전문으로 하는 부동산투자회사)가 도입되는 내용이 포함되었다.

2.2 리츠 활성화가 가져온 부동산개발 시장의 활기

* 2007.7.부동산투자회사법 개정, 2023.7. 부동산 토자회사법 개정.

2006년 10월 정부 제출로 입법 추진 된 『부동산투자회사법』 일부 개정 법률안이 2007년 7월 13일 공포되어 개정되었다. 개정 법률안의 제안 이유의 검토보고서(2007.4.)로 살펴보면 다음과 같다.

> 다수의 투자자로부터 자금을 모아 부동산에 투자하고 그 수익을 배당하는 부동산투자회사의 설립 및 운영 요건이 지나치게 엄격하여 일반 국민의 부동산에 대한 투자 기회의 확대라는 입법목적을 달성하기 어려우므로 설립 및 운영 요건을 일부 완화하여 부동산에 대한 간접 투자를 활성화하는 한편, 부동산개발사업을 전문으로 하는 부동산투자회사를 설립할 수 있도록 하여 부동산개발사업에 대한 투자의 기회를 확대하고, 그 밖에 현행 제도의 운용 과정에서 나타

난 일부 미비점을 개선·보완하려는 것임.

> **[부동산투자회사법] 개정안 일부**
>
> 1. 부동산투자회사 설립 방식 변경
>   - 설립인가제에서 영업인가제로 전환
>   - 발기설립 방식 도입, 단 투자자 보호를 위해 영업인가 필요
> 2. 최저자본금 인하:
>   - 설립 시 10억 원에서 낮춤
>   - 영업인가 후 6개월 경과 시 100억 원으로 인하
> 3. 개발 전문 부동산투자회사 도입:
>   - 기존 임대 중심에서 개발 사업 전문 회사 설립 가능
> 4. 차입 및 사채발행 규모 확대:
>   - 주주총회 특별 결의로 자기자본 2배 초과 가능

개정안은 부동산 개발사업의 재원 조달 방식을 다수의 일반투자자 등 간접 투자자로 확대하고 리츠의 설립 및 운영 요건을 완화하려는 목적이 있다.

리츠가 부동산 자본시장을 2007년 기준으로 설립된 부동산투자회사는 위탁관리부동산투자회사 3개 사, 기업구조조정부동산투자회사 13개 사 등 총 16개 사로(자기관리 부동산투자회사는 설립 실적 없음), 기업구조조정부동산투자회사를 제외하고는 매우 저조한 실적을 보였다. 투자 규모도 약 2.6조 원 수준으로 제도 도입 당시 전망했던 5년 후 투자 규모 전망치인 15조 원에는 크게 미치지 못하는 것으로 나타

났다.

 부동산투자회사의 설립 및 운용이 엄격하여 「간접투자자산운용업법」상 투자회사 등 다른 간접투자기구(부동산펀드)에 비해 경쟁력이 떨어지기 때문에 설립이 저조한 것으로 지적 받았다. 이에 따라 개정안에서는 부동산투자회사의 설립 절차를 변경하고 부동산투자회사의 최저자본금을 인하하며, 국민연금관리공단 등이 부동산투자회사 주식을 인수하는 경우 주식공모의 예외를 인정하고, 부동산개발사업을 전문으로 하는 부동산투자회사를 설립할 수 있도록 하며, 차입 및 사채(社債)발행 규모를 확대하는 것으로 하였다.

 다시 말해서 부동산투자회사의 설립 조건 및 자본금 완화, 개발사업 전문 투자회사 설립, 재원 조달 규모 확대 등 전반적으로 리츠를 활성화 하려는 방향으로 개정하였다. 입법과정에서 재원 조달 규모는 상법상 특별 결의 시 자기자본의 2배 미만에서 10배 범위로 확대했다.

 다만 2015년 6월 22일 개정 공포된 부동산투자회사법 일부개정안에 따라 부동산개발사업 투자에 특례를 받는 개발사업전문투자회사에 관한 법령 내용을 폐지했다. 대신 개발사업에 대한 투자 비율을 주주총회 특별 결의로 정하도록 하여 주주 의사결정 자율화와 이익 배당 의무를 완화하는 것으로 대체 하였다.

〈 리츠의 종류별 비교 〉

구분	위탁관리리츠	기업구조조정 (CR)리츠	자기관리리츠
설립주체	발기인(발기설립)		
투자대상	일반부동산/개발사업	기업구조조정용 부동산	일반부동산/개발사업
자산구성	부동산 70%, 증권 및 현금 포함 80% 이상 (최저자본금 확보 이후 현금출자 가능)		
영업개시	국토교통부 영업인가 사 모리츠, 개발비중 30% 이하 시 등록 갈음 가능	국토교통부영업인가 또는 등록 (금융위사전협의)	국토교통부 영업인가 사 모리츠, 개발비중 30% 이하 시 등록 갈음 가능
감독	국토교통부, 금융위원회		
회사형태	명목회사(SPC: AMC에 자산관리업무 위탁)		실체회사(상근 임·직원)
최저자본금	50억 원(설립 시 3억 원)		70억 원(설립 시 5억 원)
주식분산	1인당 50%이내	제한 없음	1인당 50%이내
주식공모	주식 총수의 30%이상	의무 X	주식 총수의 30%이상
상장	요건 충족 시	의무 X	요건 충족 시
자산운용 전문인력	AMC(5인)에 위탁운용		5인(상근직 고용)
배당	90% 이상 의무배당		50% 이상 의무배당 (2021년 까지)
처분제한	최소 1년 개발 후 분양 시 제한 없음	제한 없음	최소 1년 개발 후 분양 시 제한 없음
자금차입	자기자본의 2배 이내 (주총 특별 결의 시 10배 이내)		

* 한국리츠협회(kareit.or.kr)

2023년 기준 2~3년 전까지 저금리 상황에서도 은행의 예금 수신 금리(1.05%)보다도 리츠 배당률이 7.13%(2020년 기준)으로 높아 부동산 시장의 관심이 높아지고 있었다. 2023년 8월 16일 개정 공포된 『부동산투자회사법』 일부 개정 법률안은 규제 완화 및 일반투자자 접근성 제고 등이 주요 내용이다. 2023년 7월 국회에 제출된 의안 원문을 통해 제안 이유를 살펴보면 다음과 같다.

> 리츠(REITs)는 다수 투자자의 자금을 모아 부동산에 투자·운용하고 수익을 배당하는 간접투자기구로서, 기존의 주택 등에서 물류·데이터센터 등으로 리츠의 유형이 다양화되고 리츠의 자산 규모 또한 2017년 34조에서 2021년 말 기준 약 75조 6,000만 원으로 두 배가 넘게 성장하였음.
>
> 그러나 유사한 제도인 펀드에 비해 경직적인 규제 운영이 이루어지고 있고, 일반투자자 입장에서의 공모리츠에 대한 접근성이 떨어진다는 문제 등이 제기되고 있는 등 미국, 일본 등 선진 리츠 시장과 비교할 때 여전히 규모 및 성숙도에 있어 부족한 상황이라는 지적이 제기되고 있음.
>
> 이에 간접투자기구인 리츠의 특성에 맞지 않는 경직적 규제 등을 개선하고, 일반 국민의 접근성 제고를 위하여 공모시스템 개선 등 정책적 지원을 확대함과 동시에, 리츠 및 자산관리회사(AMC) 등의 전문성·건전성 제고 등 투자자 보호를 강화함으로써 리츠가 국민의 건전하고 안정적이면서도 우량한 투자처로 자리 잡을 수 있도록 하려는 것임.

개정안의 주요 내용을 체계 자구 검토보고서(2023.7.)를 통해 살펴보면 다음과 같다.

> **[부동산투자회사법] 개정안 일부**
> 1. 투자자 보호를 위한 시장 건전성 관리 강화:
>   · 청약 정보 제공 의무 강화

- 유사 명칭 금지 범위 확대
- 업무 정지 등 처분 공시 의무화
- 자산관리회사 전문성·건전성 관리 강화
- 이해상충 문제 방지:
2. 자산관리회사의 부동산투자회사 주식 취득 제한
- 동일 자산관리회사에 자산 투자·운용 위탁한 부동산투자회사 간 거래 금지
- 부동산투자자문회사 감독 강화:
3. 등록 취소 사유 확대
- 보고 의무 확대
- 부동산투자회사 활성화 지원:
4. 주식 공모 기간 현실화
- 자기관리 부동산투자회사 배당률·이익준비금 적립 예외 일몰 폐지
- 자회사 자산관리회사 설립 및 위탁관리 전환 허용
5. 지주회사 규정 적용 배제

리츠는 2001년 부동산투자회사법 제정 이후 다수의 투자자로부터 자금을 모아 부동산 및 부동산 관련 증권에 투자·운영하고 그 수익을 투자자에 돌려주는 간접투자기구인 주식회사로써 부동산개발사업의 재원 조달의 한 방식으로 발전했다. 이에 따라 관련 법을 규제의 강화보다는 규제의 완화와 투자자의 접근성을 높여, 부동산 개발 활성화에 기여했다.

4부

부동산, 공급자에서 수요자중심으로

· · · · · · · · · · · ·

부동산 관리 이슈

1 부동산개발 관리 강화 (1)
건물 시공 전후

1.1 이천 물류센터의 공사 현장 발생 화재와 가연성 구조로 인한 대규모 인명 피해

일반적으로 부동산개발의 단계는 크게 사업기획, 사업시행, 개발, 분양, 준공 및 사후관리 등으로 구분된다. 사업기획단계에서는 개발 컨셉을 설정하고, 사업타당성조사를 통해 법률, 입지, 시장·시장성 조사를 하고, 사업시행단계에서 규모설계와 재원조달계획, 인·허가를 추진한다. 그리고 개발단계로써 공사발주, 착공 등 시공을 한다.

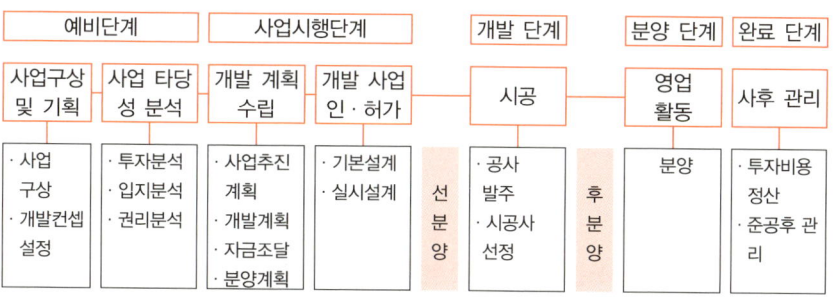

〈 부동산개발단계 〉

각 단계별 법적규제사항은 다음과 같다. 첫째 기획단계에서 토지거래허가와 농지법을, 사업시행단계에서는 건축법과 건축사법을, 자금조달은 부동산투자회사법과 간접투자자산운용업법 간접투자기구을, 인·허가는 주택법과 도시개발법과 같은 개발 개별법령을 따른다. 둘째 개발단계에서 시공 시 건설산업기본법을 따른다. 셋째 분양 및 관리 단계에서 건축물의 분양에 관한 법률과 주택법을 따르도록 한다.

다만 기술적 방법이나 인·허가 절차 등의 필요한 사항을 주로 정하고 건설 현장에서의 사고 등 산업재해 관련 사항은 구체적으로 명시하지 않고 있다.

부동산개발사업에서는 시공 전후 공사 설계, 시공 감리, 공사 현장에서의 부실과 안전 불감증 등에 의해서 인사 사고 발생 우려가 가장 크다. 하지만 리스크 관리에서 기획, 시행, 분양, 준공 및 사후관리 등 수익률 관련 단계보다 시공 단계에서의 위험 관리는 비중이 낮은 것이 사실이다.

2020년 4월 경기 이천시의 물류센터 신축 공사 현장에서 화재가 발생해 현장 근로자 38명이 숨지고, 10명이 다치는 대형 참사가 발생했다. 당시 상황을 보도한 신문 기사를 살펴보면 다음과 같다.

> **이천 물류센터 화재참사 38명 사망**
>
> 78명 작업하던 물류센터 공사장, 우레탄폼 유증기 남은 상태 용접 … 지하 2층서 폭발 뒤 유독가스 퍼져, 10명 부상… 밤새 현장 수색 작업, 대통령 "유사한 사고 반복 유감" 표명.
>
> 경기 이천시의 물류센터 신축 공사장에서 큰 폭발과 함께 불이 나면서 29일 오후 11시 현재 38명이 숨지고, 10명이 다치는 대형 참사가 발생했다. 초기 현장 조사에서 가연성 물질인 우레탄폼 작업 중 발생한 유증기(油蒸氣·기름이 섞인 공기)가 용접 작업으로 급속히 연소하면서 폭발적으로 화재가 발생한 것으로 파악돼 안전 불감증이 초래한 인재(人災)라는 …대통령은 긴급회의를 주재하고 "유사한 사고가 반복되어 유감스럽다"라면서….
>
> 동아일보, 2020.4.30.

공사 현장 등에서 지속해 대규모로 인명 피해가 발생하는 산업재해 이외에 태안화력발전소 압사 사고, 현대중공업 아르곤 가스 질식 사망사고 등이 큰 이슈가 되어 2021년 1월 초 중대재해 처벌 등에 관한 법률(이하 중대재해처벌법)이 제안되고 1월 26일에 제정·공포되었다. 하지만 중대재해 처벌법이 적용(공포 후 1년)되기도 전에 부동산개발업에까지 파급효과가 미칠지는 예상하지 못했다.

2022년 필자의 근무지에서 민·관 공동 도시개발사업으로 추진 중이던 '○○ 복합단지 도시개발사업' PFV에 건설적 투자자로 참여한 업체가 있었다. 건설적 투자자가 다른 사업지에서 별도로 시행하고 있던 건설 현장에 발생한 사고로 중대재해처벌법 적용 전이었음에도 주요 이슈가 되었다. 관련 언론보도로 당시 분위기를 엿볼 수 있다.

중대재해법 피한 ○○…철거 때도 건축물 관리법 적용 안 된다

27일 중대재해법 시행 앞두고 사고 발생, '0동 참사 방지법'은 완공된 건물 대상으로만 적용.

○○개발 아파트 신축 공사 붕괴 사고가 발생한…시공사인 ○○개발에 중대재해처벌법(중대재해법) 적용은 어렵다는 관측이 이어지고 있다. 철거 시 건축물 관리법도 적용받지 않는다.

◇"중대재해법 적용은 사실상 불가능"

13일 국토교통부 관계자 등에 따르면 중대재해법의 시행이 1년간 유예돼 사고 상황과 별개로 ○○과 경영진은 해당 법의 적용이 사실상 불가능한 것으로…중대재해법의 시행일은 이달 27일이다.

중대재해법은 사업주나 경영책임자 등이 안전보건확보 의무를 위반해 중대산업재해가 발생한 경우 벌금 또는 징역형에 처하도록 규정하고 있다. 사망 시 1년 이상의 징역 또는 10억 원 이하의 벌금, 그 외는 7년 이하 징역 또는 1억 원 이하의 벌금을 부과한다. 특히 5년 내 재범 시 가중 처벌된다.

법에서 규정하는 중대산업재해는 사망자가 1명 이상 발생하거나 부상자 2명 이상이 동일 사고로 6개월 이상 치료가 필요한 경우를 의

> 미한다…. 원 청에 대한 처벌을 강화하는 조항도 마련돼 있다. 중대재해법 5조는 사업주 또는 경영책임자가 제 3자에게 도급, 용역, 위탁을 행했을 때 실질적으로 운영 관리하는 책임이 있다면 제 3자의 종사자에게도 중대산업재해가 발생하지 않도록 조치를 취해야 한다고 규정하고 있다.
>
> 뉴스1, 2022.1.13.

이후 건설적 투자자를 넘어 PFV 추진 사업 자체에 대한 부정적 확대된 부정적 여론을 신문을 통해서 확인할 수 있다.

> **'사면초가' ○○개발, 과거·미래 일감 놓칠 위기.**
>
> 지난해 광주 ○○사고에 이어 지난 1월 광주 ○○동 ○○ 붕괴사고를 잇달아 겪으면서 과거 수주한 재건축·재개발 사업장을 중심으로 보이콧 움직임이 확산되고 있기 때문이다. 여기에 정부가 ○○에 대해 법이 정한 가장 무거운 처분을 내리기로 하면서 미래 일감 확보도 불투명해졌다.
>
> 건설산업기본법 제83조에 따르면 고의나 과실로 부실하게 시공해 시설물 구조상 주요 부분에 중대한 손괴를 일으켜 공중(公衆)의 위험을 발생하게 한 경우 1년 이내 영업정지나 등록말소 처분을 할 수 있도록 규정하고 있다… ○○은 과거에 수주한 사업지에서도 일감을 잃을 위기에 처했다. 전국 ○○ 단지 입주예정자들과 ○○이 참여하고 있는 재건축·재개발 사업지를 중심으로 '시공사 교체' 여론이 거세게 일고 있기 때문이다…. ○○ 붕괴사고 이후 조합은 ○○을 시공에서 배제하고 ○○ 브랜드 사용을 제한하게 해달라고 ○○사업단에 요구한 바 있다.

중대재해처벌법 적용은 받지 않지만 관할 지방자치단체는 이슈가 큰 사안으로 적용 할 수 있는 강한 처벌을 검토 중이며, 기존 사업장에서도 보이콧 움직임을 보이고 있다는 내용이다.

> **○○개발 수주 일감 진행도 장담 못해, 추가 자금조달에 사활**
>
> 상반기 만기가 도래하는 유동화증권 등에 관한 대비, 광주 아파트 붕괴사고 수습을 위한 자금 외에도 현재 사업들을 차질 없이 진행하기 위한 운영자금이 필요한 상황이다…회사는 최근 서울 강남구 ○○동 ○○○타워를 비롯한 미착공사업 토지 등 그룹 보유 부동산자산의 유동화 작업을 구체적으로 진행하고 있다.
>
> 이와 별도로 ○○개발은 이미 보유 부동산을 담보로 한 은행권 대출 외에도 대형 증권사를 대상으로 조 단위 규모 자금 조달에 나선 것으로 알려졌다…2021년 말 기준 현금성 및 현금성자산 약 1조9천억 원을 확보하고 있지만 이는 턱없이 부족한 규모다…
>
> 기에 전국적으로 'NO ○○'와 ○○개발에 강력한 처벌을 촉구하는 움직임이 계속되면서 이미 수주한 일감들을 제대로 진행할 수 있을지 장담할 수 없는 분위기다.
>
> 특히 컨소시엄으로 참여한 사업장들은 다른 건설사들이 시공하고 그쪽 브랜드만 적용하는 방안이 가능한 만큼 배제될 가능성이 더 크다.
>
> 비즈니스포스트, 2022.2.18.

해당 건설업체는 중대재해처벌법 적용은 받지 않지만 이슈의 중심에 있어 부정적 외부효과로 다른 사업장에서의 브랜드 바꿈, 수주 취소요구 등으로 재원조달이 경색되어 투자 우선순위를 재검토하게 되었다.

민간참여자 중 최대지분으로 참여한 '○○ 복합단지 도시개발사업'에서도 본 PF 전 기업여신으로 재원을 조달하고 있는 것으로 간접적인영향을 미쳤다.

부동산개발사업에서 리스크 관리는 사업타당성조사 시 시장 및 시장성에 따른 재무적 타당성, 재원조달방안, 시공 전후에 분양과 마케팅에 비중이 높았고, 시공단계에서는 건설사업관리로서 설계, 조달, 계약, 시공관리, 감리 등에 중점을 두고 산업재해 등 안전관리는 법적 규제가 없어 간과했던 것이 사실이다.

산업재해로 인한 사망사고 등 이슈가 커지면서 사업주, 법인 또는 기관 등이 운영하는 사업장 등에서 발생한 재해와 사전관리운영 조치가 미흡한 경우에 대한 처벌규정을 제정한 중대재해처벌 등에 관한 법률안이 2021년 1월 의원발의로 제안되었다.

1.2 준공 이후 리스크 관리 확대의 필요성

* 2021.1. 중대재해 처벌 등에 관한 법률 제정

2021년 1월 의원 발의된 『중대재해 처벌 등에 관한 법률안』은 2021년 1월 26일 제정 공포되었다.

제정 법률의 제안이유를 살펴보면 다음과 같다.

> 현대중공업 아르곤 가스 질식 사망사고, 태안화력발전소 압사사고, 물류창고 건설현장 화재사고와 같은 산업재해로 인한 사망사고와 함께 가습기 살균제 사건 및 4·16 세월호 사건과 같은 시민재해로 인한 사망사고 발생 등이 사회적 문제로 지적되어 왔음.
> 이에 사업주, 법인 또는 기관 등이 운영하는 사업장 등에서 발생한 중대산업재해와 공중이용시설 또는 공중교통수단을 운영하거나 위험한 원료 및 제조물을 취급하면서 안전·보건 조치의무를 위반하여 인명사고가 발생한 중대시민재해의 경우, 사업주와 경영책임자 및 법인 등을 처벌함으로써 근로자를 포함한 종사자와 일반 시민의 안전권을 확보하고, 기업의 조직문화 또는 안전관리 시스템 미비로 인해 일어나는 중대재해사고를 사전에 방지하려는 것임.

제정 법률의 주요내용은 다음과 같다.

> **【중대재해 처벌 등에 관한 법률안】**
> 1. 목적
>   · 사업장, 공중이용시설, 공중교통수단 운영 또는 유해물질 취급 시 안전·보건 의무 위반으로 인명피해 발생 시 사업주, 경영책임자, 법인 처벌
>   · 중대재해 예방 및 시민·종사자 생명·신체 보호
> 2. 의무 및 처벌
>   · 사업주·경영책임자의 안전·보건 확보 의무

- 도급·용역·위탁 시 제3자 종사자 안전·보건 확보 의무
- 중대산업재해 발생 시 사업주·경영책임자 처벌, 법인 벌금
- 중대시민재해 발생 시 사업주·경영책임자 처벌, 법인 벌금
- 고의·중과실 의무 위반 시 손해배상책임

3. 정부 역할
- 중대재해 예방대책 수립·시행
- 사업주·법인에 예방사업 비용 지원
- 국회 보고

개정안에서는 주로 부동산개발사업에 있어서 개발단계에서 공사 발주 후 착공 및 시공단계에서 발주처 도급, 용역, 위탁 등 사고 발생 시 책임과 처벌사항이 강화되어 있다. 따라서 사업장에서의 사고 예방 및 사고발생시 대처, 재발방지 대책 수립 등에 대한 내용이, 피해자보다는 사업주와 법인, 기관, 경영책임자에 대한 책임과 처벌이 강화된 것이다. 이를 보완하기 위해 부동산개발 관리·운영에서 리스크 관리 중심을 준공이후 건물 관리에서 발주, 시공 단계 등으로 확대하는 방향으로 변화를 도모하는 것이 필요하다.

2 부동산개발 관리 강화 (2)
부동산 운영

2.1 대규모 전세 사기 발생

　부동산개발사업을 추진하면서 임대목적의 건축물을 준공하고 운영하는 단계에서 공급자측면에서는 시장 및 시장성 조사에 의한 적정임대료 산정과 공실율, 관리비 등 관리에 대한 부분을 중점으로 한다.

　임대목적의 건축물을 운용하는 과정에서 특히 도시형생활주택이나 빌라, 원룸 등 연립주택이나 다세대 주택 도입 시에는 세입자 등에 불이익이 발생되는 민원에 대하여 작은 리스크로 관리하는 경향이 있는 것이 사실이다.

하지만 2022년 12월 전후에 소위 '전세사기 사태'가 커지면서 부동산 운영·관리 단계에 있어서 부동산 가격하락 등에 따른 수익률 관리는 물론 수요자에 대한 전세보증보험 가입 등 계약관리의 범위가 확대될 수밖에 없었다.

2022년 부동산 시장에서는 갭투자 방식을 이용한 전세 사기가 사회적 문제로 대두되었다. 서울 지역에서의 갭투자 비율은 2020년 12월 43.3%에서 2021년 4월에는 52%까지 증가했다. 보증금을 돌려주지 않고 사망한 이른바 '빌라왕'으로 인한 피해 사례가 전국적으로 드러나 심각성이 부각됐다. 갭투자는 전세가와 매매가 차이가 적은 주택을 매입하여 단기간에 전세가를 올리고, 이로 인한 시세 차익을 얻는 방식이다. 최근 고금리와 전세 값 하락 등의 상황에서 갭투자로 인한 부작용이 더욱 심화되고 있다. 이는 갭투자가 국내 부동산 투자의 상당 부분을 차지하고 있음을 시사한다.

이러한 갭투자 방식은 여러 부작용을 낳는다. 가장 큰 문제 중 하나는 세입자들이 보증금을 회수하기 어렵다는 점이다. '빌라왕'이라 불리는 일부 갭투자자들이 매입한 부동산은 1,139채에 달하지만, 임대보증금 보증보험에 가입한 세입자는 614명에 불과했다. 이로 인해 보증보험에 가입하지 않은 세입자 약 480명은 보증금을 돌려받지 못하는 상황에 처해 있다. 이는 갭투자로 인한 전세 사기가 얼마나 심각한 사회적 문제로 대두되고 있는지를 잘 보여준다. 더욱이, 갭투자자들이 고금리 등으로 인한 금융 부담을 세입자에게 전가하면서 세입자들의 피해가 늘어났다.

　주택가격 상승 시기에 갭 투자를 통해 수익을 얻고자 빌라와 오피스텔 등을 주택담보 대출을 통해 대규모로 매입한 후 전세세입자를 다수 모집 하였다. 하지만 고금리와 전세가격 하락으로 금융비용 부담이 높아지자 세입자에 대한 구제조치 없이 세입자에게 부담을 전가시켜 큰 이슈가 된 사건이다.

　수요자(임차인)는 매매·전세가격이 급등하면서 청년과 신혼부부등 아파트 대비 저렴한 신축 빌라 등으로 전환하였다. 공급자(임대인)는 집값 안정기에 전세가율 100%까지 가입을 허용한 HUG전세보증금 반환보증제도를 무자본 갭투자 수단으로 악용한 사례이다. 보증금 100%는 전세보증금과 선순위 근저당 등을 포함한 부채비율 100%을 의미한다.

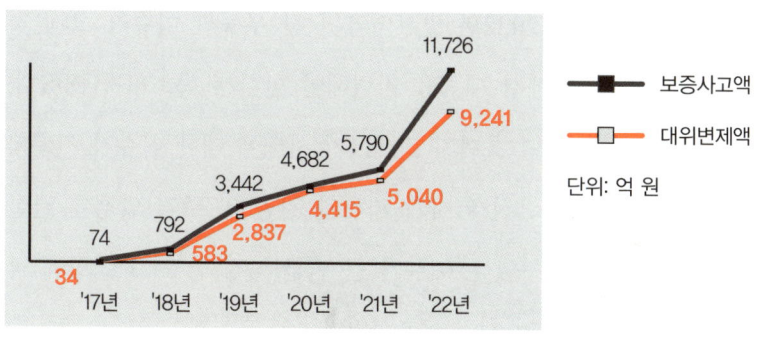

〈 연도별 보증사고액 현황 〉

* HUG(2023.2.)

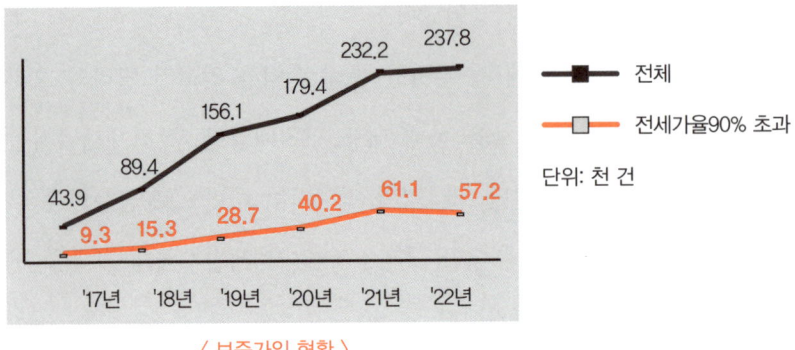

〈 보증가입 현황 〉

* HUG(2023.2.)

　부동산개발업자는 임대목적의 건물을 준공하고 운영할 경우 대부분 임대보증금은(전세계약의 경우 전세보증금) 임대기간이 만료되면 상환해야 될 고정채무로 분리하여 관리한다. 하지만 전세사기 사태의 임대인은 자금상환력 등이 검증되지 않은 상태로 세입자 임대보증금을 적정 담보 없이 유용한 경우이다.

　전세사기 사태는 2022년 말부터 1년 간 부동산 이슈가 크게 지속 되면서 정부차원에서 대책을 마련해야 한다는 목소리가 커졌다. 2022년 말부터 2023년 초까지 전세사기 사태에 대한 이슈가 지속되자 2023년 5월 24일 『전세 사기 피해자 지원 및 주거 안정에 관한 특별법』을 의원발의 하였다. 이슈가 큰 만큼 상정 한 지 1일 만에 국회본회의 의결, 6월 1일 제정 공포하였다.

2.2 임차인 중심 리스크 관리 강화

* 2023.6. 전세 사기 피해자 지원 및 주거 안정에 관한 특별법 제정

2023년 5월 의원 발의된 『전세사기피해자 지원 및 주거안정에 관한 특별법안』은 2023년 6월 21일 제정 공포되었다.

제정 법률의 제안이유를 살펴보면 다음과 같다.

> 현 정부 출범 이후 전세사기를 구조적으로 차단할 수 있는 예방적 장치를 마련하는 등 전세사기 근절을 위한 다양한 노력이 있었으나, 피해자 지원에는 한계가 있었음.
>
> 특히 과거에 체결된 전세사기 계약의 만료가 최근 도래하면서 당분간 지속적인 피해 발생이 우려됨에 따라 경·공매 등으로 퇴거 위기에 처한 피해자의 주거불안을 해소할 수 있도록 하는 방안 마련이 시급함.
>
> 이에 한시적인 특별법을 제정하여 국토교통부장관이 전세사기피해지원위원회를 통해 전세사기피해자를 결정하고, 이들에 대하여 경·공매 절차, 조세 징수 등에 관한 특례를 부여함으로써 피해자의 주거안정을 도모하고자 함.

그리고 제정 법률의 주요내용은 다음과 같다.

[전세사기피해자 지원 및 주거안정에 관한 특별법안]

1. 목적:
   - 전세사기 피해 임차인을 지원하고 주거 안정을 도모하기 위함
2. 전세사기 피해자 인정 요건:
   - 「주택임대차보호법」에 따른 주택 인도 및 주민등록, 확정일자 보유
   - 임대인의 파산·회생절차 또는 임차주택의 경매·공매 개시, 집행 권원 확보
3. 전세사기 피해자 지원:
   - 경매·압류 주택 매각 절차 유예·정지 신청 가능
   - 전세사기 피해 주택 우선매수 신청 가능
   - 임대인 보유 주택에 대한 세금 안분 요청 가능
   - 공공주택사업자에게 전세사기 피해 주택 매입 요청 가능
   - 긴급 주거 안정을 위한 국가·지자체의 자금 융자 및 지원
4. 행정 체계:
   - 국토교통부에 전세사기피해지원위원회 및 전세사기피해지원단 설치
   - 전세피해지원센터 설치·운영

제정법령은 특별법으로써 전세사기로 피해를 입은 임차인 중심으로 경·공매 절차 및 조세징수 등에 관한 특례를 부여하고 주거안정을 도모하는 것에 그 목적이 있었다. 하지만 재발방지대책에 대한 부분은 정부차원의 대책안 발표로만 하였고 제정법에는 명시되지 않았다. 2023년 2월 2일 국토교통부의 『전세사기 예방 및 피해지원 방안』 발표 자료를 살펴보면 다음과 같다.

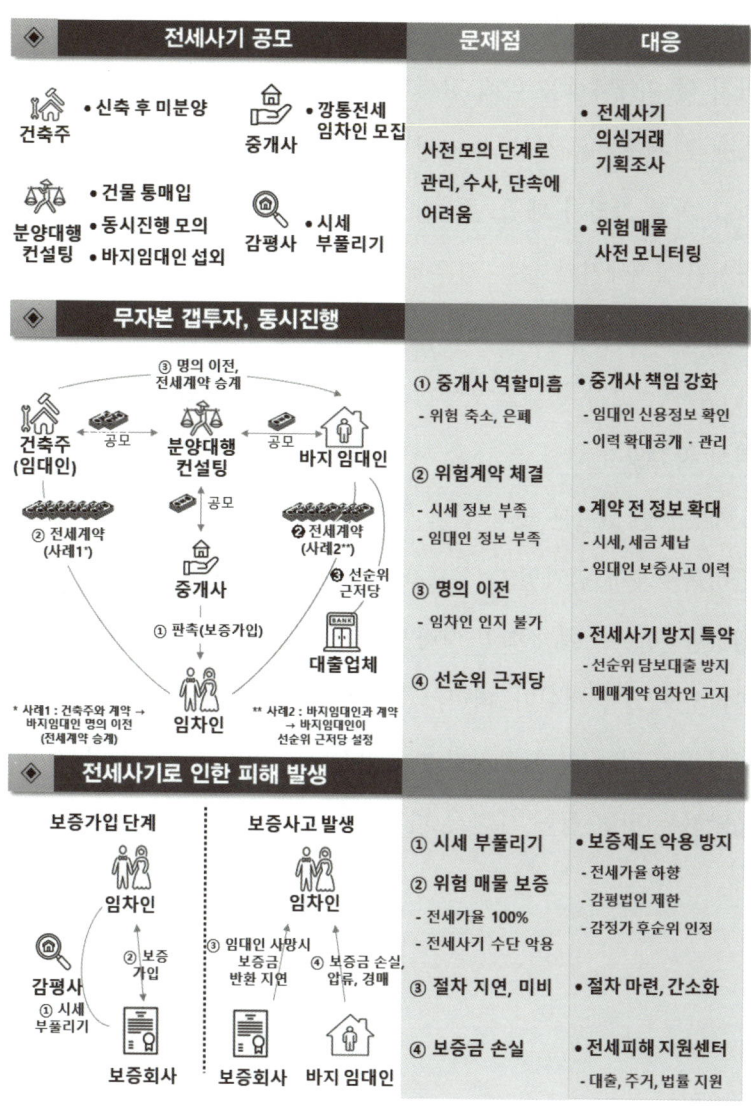

〈 전세사기 피해 사례 도식 〉

* 전세사기예방 및 피해 지원방안 발표자료(국토교통부, 2023.2.)

악성 임대인이 보증을 무자본 갭투자 및 전세사기 수단으로 악용 방지 및 피해예방을 위해 전세가율 90%까지만 보증하는 것으로 변경했다. 전세가율 산정 시 감정평가사의 고의적인 시세 부풀리기 방지를 위해 감정가 대신 공시가·실거래가를 기준으로 하고 감정가는 공시가·실거래가가 없는 경우에만 적용하는 것 등으로 대책안을 내어놓았다. 또한 매매 등으로 임대인이 변경되는 경우 주택매매조건에 임차인 고지 특약을 반영하고, 임차인 보증금 보호를 위해 은행권의 확정일자 확인 후 대출 시범사업 시행으로 하였다.

개정안을 살펴본 것과 같이 향후 부동산개발사업의 준공 후 운영·관리단계에서 임차인인 수요자 중심으로 규제를 강화하고 제도를 생성할 것으로 예상한다. 따라서 공급자(시행자)는 이에 대한 리스크 관리가 필요할 것이다. 따라서 공급자는 임대인 계약에 관련 규제사항이 많아짐에 따라 투자자의 진입장벽이 커지는 상황에서 재원을 조달하는 방법 등에 대한 보다 세밀한 리스크 관리가 필요할 것이다.

3 부동산개발 관리 강화 (3)
수요자 중심 임대주택 공급

3.1 도심 임대주택 공급 활성화를 위한 행복주택 공급 선언, 실상은?

행복주택을 '국가나 지방자치단체의 재정이나 주택도시기금의 자금을 지원받아 대학생·사회초년생·신혼부부 등 젊은 층의 주거안정을 목적으로 공급하는 공공임대주택'이라 공공주택특별법 시행령 제2조에 의해 정의하고 있다.

기존의 임대주택은 영구임대주택(50년 이상, 영구임대목적), 국민임대주택(30년 이상 장기임대주택)으로 구분되어 입주대상은 최저소득 계층, 저소득 서민 등으로 한정하여 30년 이상 거주목적으로 공급되어 왔다.

〈 공공임대주택의 유형 〉

구 분		내 용
장기 공공 임대 주택	영구	영구적인 임대(50년)목적
	국민	의무임대기간 30년
	매입	임대사업자가 매매등으로 소유권취득후 임대하는 주택(저소득층과 청년 및 신혼부부 등)
	행복	대학생, 사회초년생, 신혼부부 등 젊은 층
	통합공공 임대주택	최저소득 계층, 저소득 서민, 젊은 층 및 장애인·국가유공자 등 사회 취약계층 등
	장기전세	전세계약의 방식으로 공급
	기존주택 전세임대	기존주택 등 임차하여 저소득층과 청년 및 신혼부부 등에게 전대(轉貸)
분양전환	분양전환 공공임대	일정 기간 임대 후 분양전환할 목적

* 공공주택 특별법시행령제2조(법제처, 2023.10.30.)

    1980년대 후반 '주택 200만 호 공급계획'에 따라 영구임대주택 19만 호를 공급한 이래 공공임대주택 공급은 지속적으로 확대되어 118만 호(2014년 말 기준)까지 확대되었다.(국토교통부 통계누리, 임대주택 통계)

    정부는 제2차 장기주택종합계획(2013~2022년)에서 연간 11만 호의 공공임대주택을 공급하겠다는 계획을 발표한 바 있다. 그러나 공공임대주택의 공급의 효과와 필요성에 대한 사회적 공감대가 형성되어 있는 것은 사실이지만 재원조달 부분과 수요의 변화로 지속적인 공급목표 달성은 어려운 현실이다.

    재원조달에 관련해서 국민임대주택의 경우 기금은 차입구조로써

LH등 공공시행자는 이자를 지불해야 하며 사업비의 10%이상은 자체자금으로 조달해야 한다. 결국 LH나 지방공사의 경우 저렴한 수익구조의 임대주택 의무건설 및 공급에 따라 재무구조가 악화되고 있는 실정이다.

LH의 부채는 총 137.9조 원으로(2014년 말 기준) 자본 대비 부채비율 408.7%로 나타났다. 광역지자체의 지방공사도 재무구조가 열악한 상태로 16개 광역지자체 지방공사의 부채비율은 평균 247.9%(2014년 말 기준)이며, 임대주택 자산 비중은 평균 22.3%, 임대운영손실은 2,669억 원에 이른다.(행정자치부, 2014년 지방공기업 결산 및 경영분석)

다음으로 주요 수요층은 1~2인가구의 증가, 저출산·고령화, 저성장, 지방화의 급진전 등 사회경제적 여건이 변환되어 임대주택 공급주체의 다양성확보 등 공공임대주택의 정책의 패러다임도 바뀌고 있다.

법체계를 살펴보면 2015년 8월『공공주택 특별법』이 제정되기 이전까지는 공공임대주택 공급은 『임대주택법』, 『공공건설주택 건설 등에 관한 특별법』, 『도시 및 주거환경정비법』, 『주택공급에 관한 규칙』 등 혼재된 규정에 의해 공급되어 왔다.

기존 『임대주택법』은 『민간임대주택에 관한 특별법』으로, 『공공건설주택 건설 등에 관한 특별법』(이전법령은 보금자리주택건설 등에 관한 특별법)은 『공공주택 특별법』으로 개정되면서 공공임대주택에 대한 상위법령의 정비가 이루어졌다.(공공임대주택 공급체계 개선방안 연구, 국토연구원, 2015.12.31.)

임차인 선정, 임대조건, 임대주택 관리 등 임대사업 전반에 필요한 사항은 『공공주택 특별법』이나 『민간임대주택에 관한 특별법』에 규정되어 있으나 도시환경정비사업 등의 공공임대주택의 공급시에는 『도시 및 주거환경정비법』, 『근로자주택공급 및 관리규정』 등 별도의 법으로 규정되어 있는 실정이다.

우리나라의 임대주택에 대한 공급정책의 변천 내용을 정권별로 살펴보면 다음과 같다.(공공임대주택 공급체계 개선방안 연구, 국토연구원, 2015.12.31.)

노태우 정부(1988~1993)에 들어서며 주택가격이 급등하고 저소득층 주거불안이 사회적 문제로 대두되면서 정부는 1988년~1992년까지 주택 200만 호를 공급하는 계획을 수립하였다.

주택 200만 호 건설계획에서는 소득계층별 주택공급계획에 포함되었다. 소득 10분위를 기준으로 1분위 계층에서는 영구임대주택, 2~4분위 저소득근로자에게는 근로자 주택, 3~5분위 계층은 국민주택기금 등의 지원을 받는 소형분양주택과 장기임대주택을 공급하는 계획이었다.

김영삼 정부(1993~1998)에서는 영구임대주택 공급을 중단하고 5년, 50년 임대주택 10만 호 공급을 계획하였고, 7.9만 호의 임대주택을 공급하였다.

김대중 정부(1998~2003)는 1998년 외환위기 이후 대규모 실직 등 주거불안 문제 해소를 위해 국민임대주택을 도입하였고, 1998년 9월 국민임대주택 5만 호 공급계획수립 후 단계적으로 공급하였다. 영구임대주택보다 입주자격을 완화시킨 국민임대주택은 2002년 5월 기준으로 100만 호 공급 목표를 수립하였으며 2017년 기준으로 공공임대주택 공급량의 52%의 비중을 차지하였으며 기존 10년형과 20년형으로 구분되었던 임대기간을 30년으로 통합하였다.

노무현 정부(2003~2008)는 2003년 9월 '서민·중산층 주거안정 지원대책'에서 국민임대주택 100만 호 건설계획을 구체화 하였다. 이때 국민임대주택 공급과 함께 다가구매입임대, 전세임대 등 다양한 임대주택 공급계획을 수립하였으며 민간부문 지원을 통해 10년 공공임대주택 50만 호 건설을 계획하였다.

이명박 정부(2008~2013)는 2008년 9월 '국민 주거안정을 위한 도심공급 활성화 및 보금자리주택 건설방안'에서 보금자리주택 150만 호 건설계획을 발표했다. 대규모 공급위주의 정책대신 김영삼 정권 때 중단한 주변시세대비 30% 영구임대주택, 전세형, 지분형 등 다양한 임대주택 총 80만 호가 포함되었다.

박근혜 정부(2013~2017)는 이전 정부에서 추진되었던 신도시나 보금자리주택 등과 같이 대규모택지개발사업을 통한 공급계획 수립과는 다르게 역사 및 역세권 유휴부지 등을 활용한 소규모 부지를 활용하여 공공임대주택을 건설하여 공급하는 행복주택을 도입하였다.

또한 뉴스테이라는 임대주택 유형을 선보여 민간사업자가 공공으로부터 택지를 분양받은 뒤 기업형임대주택을 건설, 8년 동안 임차인에게 공급한 뒤 분양하는 사업을 추진하였다. 이후 문재인 정부 때 공공지원 민간임대주택으로(민간임대주택에 관한 특별법 제2조) 명칭을 변경하였다.

행복주택은 기존의 대규모 주택공급을 통한 공공임대주택의 의무 건설비율(전체호수의 35%이상, 공공주택특별법 시행령 제3조제1항제1호)로 공급계획 하는 것에 비해 국·공유지를 활용하여 도심지에서도 중·소규모로 건설이 가능하고 건설비는 정부, 기금의 지원 등을 받고 국·공유지 활용시 사용료 면제 등을 통해 주변시세의 80% 정도 저렴하게 공급이 가능하다.

특히, 기존의 대규모 공공임대주택 공급 시 국민임대주택, 영구임대주택 등 공급위주로 사업성이 낮아 공공시행자가 공익을 목적으로 사업에 참여하였다면

행복주택은 일정 소득수준 계층에게 입지, 공급가격, 조건 등 수요자 중심의 공급계획 수립으로 시장·시장성 있는 입지에 주변시세의 80%라는 적정수익이 확보되어 30년간 운영 시에도 사업성을 어느 정도 개선할 수 있다.

공공임대주택 공급 등 주거복지정책은 기존의 영구임대주택, 국민임대주택과 같은 저소득층에 한하는 공급자(공공시행자)중심의 공급계획 수립이었다다. 반면 행복주택은 일정수준 이상의 소득계층에게

입지, 설계, 가격 등을 맞추는 수요자중심의 공급계획으로 전환되는 것으로 볼 수 있다.

2013년 12월 행복주택 공급계획관련 신문기사(조선비즈, 2013.12.30.)를 통해 수요자 중심 공공임대주택으로 공급되는 부동산 이슈를 보도하고 있다.

정부는 2022년까지 보편적 주거복지를 실현하기 위해 다양한 주택 정책을 추진했다. 이 계획은 임대주택의 확대 공급과 주거급여 및 주택기금 지원의 개편, 재개발 및 재건축 사업을 통한 지역경제 활성화 그리고 맞춤형 주택 공급 등을 포함한다. 연간 11만 가구 이상의 임대주택을 공급하는 것을 목표로 했고 특히 2017년까지는 14만 가구의 행복주택 공급을 밝혔다. 주거복지의 사각지대를 해소하기 위해 주거급여와 주택기금 지원을 개편하고 주택바우처의 활성화 및 비정상적인 거처에 사는 가구를 위한 실태조사 체계를 구축하고자 한 것이다. 재개발 및 재건축 사업은 지역주민과 지역경제의 활성화와 연계하여 진행하며 순환적 주거지정비방식의 확대와 소규모 수복형 사업을 추진하고자 했다. 연평균 39만 가구 주택 공급을 계획했으며 이 중 수도권 22만 가구가 공급을 예정했다. 주택 공급 방식의 다양화와 주택 청약제도의 개편을 통해 주택의 품질을 높이는 데 중점을 둔 것이다.

기존의 1차 주택종합계획은 공공임대주택 공급확대 중심이었으나 공공택지 개발을 통한 임대주택량 확보는 지양하고 2차 주택종합계획에서는 행복주택 등 도심 내 임대주택 공급확대 등 수요자 중심으로 수립되었다는 것이다.

2023년 12월 정책브리핑을 통해 보도한 제2차 장기 주택종합계획(2013~2022)에 대한 설명자료에서 행복주택 공급의 정책 방향을 세부적으로 살펴볼 수 있다. 공공주도의 임대주택 선정 위주에서 벗어나 민간 임대시장을 활성화하거나 도심 내 행복주택 공급 등 수요자 중심 공공임대주택 공급계획을 수립한다는 내용이다.

〈 공공주택 준공 계획 (단위 : 만 호) 〉

구 분	'13년	'14년	'15년	'16년	'17년	'18년~
공공임대주택	7.7	9.0	11.0	11.0	11.0	연 11.0

* 국토교통부 정책브리핑(2013.12.30., https://www.korea.kr/briefing/)

공공임대주택은 연 11만 호 수준으로 10년간 50만 호를 공급한다는 계획으로 신혼부부 등 어느 정도 소득이 있는 도심 내 공공임대주택을 공급하기 위해 행복주택을 건설하고 직주근접과 저렴한 임대료에 부합하는 다양한 용지를 활용하여 공급계획을 수립하였다.

합계	공공 용지	도시재생 용지 등	공기업(LH · SH공사 등) 보유 토지	
			공공건설용 택지	민간분양 예정지
14만	3.8만	3.6만	3.9만	2.7만

* 국토교통부 정책브리핑(2013.12.30., https://www.korea.kr/briefing/)

공공시행자(LH, 지방공사 등)의 재정부담을 줄이기 위해 주택기금이 자하고 리츠 등을 통해 민간자본이 참여하는 등 공공임대주택 공급방식을 다양화하는 계획도 포함되어 있다.

2013년 3월 정부(국토교통부)는 언론보도(머니투데이)를 통해 행복추진 전담 정책실 조직을 신설하고 행복주택 건설을 위한 관련법령 개정을 하겠다고 밝혔다.

이후 2014년 1월 14일 행복주택 건설을 위한 내용을 담은『공공주택건설 등에 관한 특별법』일부 개정법률안을 공포하였다.

그리고 도심 내 유수지 등 행복주택 도입을 위해『도시·군계획시설의 결정·구조 및 설치기준에 관한 규칙』을 일부개정(2017.9.) 하였다. 이를 통해 나대지(裸垈地) 형태로 남아있는 유수지(遊水池)를 제한된 범위에서 복개해 공공임대주택을 설치할 수 있게 하였다.

3.2 저소득 대상 임대주택 공급 탈피와 주거 안정 목적 행복주택

* 2014.1. 공공주택건설 등에 관한 특별법 개정

2014년 1월 14일 개정 공포된『공공주택건설등에 관한특별법』일부개정법률안은 2013년 12월에 상정 시 행복주택사업 계획내용과 함께『보금자리주택』명칭을『공공주택』으로 변경하는 내용이 포함되어 상정되었다.

개정 법률의 제안이유를 살펴보면 다음과 같다.

> … 정부는 공공시설부지, 공공기관 보유 토지 등을 활용하여 대학생·신혼부부 등 주거취약계층에게 임대주택을 건설·공급하는 행복주택사업을 계획 중이나 국유·공유재산의 매입·사용 등에 제한이 있고, 건축기준, 학교용지 확보의무 등 과도한 부담이 있어 원활한 시행이 어려운 실정이므로 행복주택사업을 시행하는 경우 건폐율·용적률, 주차장 등의 건축기준을 완화하고, 학교용지 확보의무를 완화하며, 국유·공유재산의 매각·사용 등에 대한 특례를 규정함으로써 사업의 원활한 시행을 지원함.
> 셋째, 보금자리주택의 명칭을 공공주택으로 변경하고, 공공주택사업에 따른 공업지역 대체지정 제도와 입주·거주의무 제도를 개선하는 등 현행법의 미비점을 보완함.

행복주택 사업을 위해 국·공유재산의 사용과 건폐율, 용적률 등 관련규제를 완화하는 목적이다. 다음으로 주요내용을 살펴보면 다음과 같다.

[공공주택건설등에 관한특별법]
1. 공공주택지구 지정 없이도 공공주택건설사업 시행 가능
2. 주택지구 변경·해제 사유를 법률에 명시
3. 공공시설부지 등에서 공공주택사업 시 판매·업무·숙박시설 등 함께 건설 가능, 일괄 승인 가능

> 4. 공공주택사업 시행자에게 국·공유재산 수의계약 사용허가, 매각·대부 가능
>   - 사용·대부 기간 50년 이내, 사용료·대부료 감면 가능
>   - 영구시설물 축조 가능
> 5. 공공주택사업 시행자를 철도건설사업 시행자로 간주
>   - 국토교통부장관이 50년 이내 철도시설 점용허가, 점용료 감면 가능
> 6. 공공주택사업 시 학교용지 개발·확보 의무 완화, 인근학교증설 비용 부담 가능
> 7. 공공주택사업에 필요한 경우 건축기준 완화 가능

눈에 띄는 사항은 다음과 같다. 행복주택 사업 활성화를 위해 공공시설부지에서 시행하는 공공주택사업에 건축기준을 완화하고 국·공유재산을 수의계약으로 사용허가하거나 매각·대부할 수 있도록 하고, 사용·대부 기간을 50년 이내로 하며, 사용료·대부료를 감면할 수 있게 하고, 해당 국·공유재산에 영구시설물을 축조할 수 있도록 하는 특례조항을 명시것이다.

특히, 공공시설부지 등에서 공공주택사업을 시행하는 경우 판매·업무·숙박시설 등을 함께 건설할 수 있도록 하고, 이를 일괄 승인받을 수 있도록 함으로써 사업시행자의 수익을 보전할 수 있게 하였다.

그러나 이는 입법과정에서 신도시와 택지개발지구 등 공공시설부지에서 행복주택 건설 시 건축기준완화 등 특례사항이 포함되었던 것이 개정안의 제안목적인 기존의 대규모 공공임대주택 공급 방식

을 지양하는 취지에 벗어난다는 이유로 개정안 적용에서 제외되었다. 이와 같은이유로 주거환경개선지역, 뉴타운 해제지역, LH, SH 등 보유부지도 적용제외 되었다.

행복주택은 부동산 시장의 변화(대규모 공공주택 공급 등에서 도심 소규모 공급 및 도시재생사업)에 따라서 기존의 공급자 중심의 임대주택 공급에서 탈피하여 수요자 중심의 공급정책이 법령으로써 반영 된 사례라 볼 수 있다.

3.3 '통합 공공임대주택'으로 읽는 수요자 중심 설계

2020년 9월 1일 국토교통부는 보도자료를 통해 2022년부터 공공임대주택을 하나로 통합·공급하는 내용으로 하는 『공공주택특별법 시행령』 개정안이 국무회의를 통과(2020.9.1.)했다고 밝혔다. 공공임대주택 유형을 수요자 관점에서 하나로 통합하여 복잡한 입주자격을 수요자가 알기 쉽게 단순화 한다는 내용으로 세부내용은 다음과 같다.

> **[공공주택특별법 시행령]**
> 1. 공공임대주택 문제
>   - 다양한 유형(영구·국민·행복)과 복잡한 입주자격으로 수요자 접근성이 낮음
> 2. 주거복지로드맵 2.0(2020.3)
>   - 유형통합 추진계획 발표
> 3. 후속조치
>   - 통합공공임대주택 유형 근거 마련
> 4. 시범사업
>   - 과천지식정보타운 610호, 남양주별내 577호 2곳 1,187호 추진
> 5. 2022년 이후 계획
>   - 전면 적용하여 모두 통합형으로 공급할 예정

2021년 12월 28일 국토교통부 보도자료에서는 2022년 1월 통합공공임대주택 최초입주자 모집공고를 실시하는 내용을 보도하면서 통합공공임대주택의 도입취지와 특징을 다음과 같이 설명하였다.

> 국토교통부, 한국토지주택공사는 내년 1월 27일부터 통합공공임대주택 1,181호에 대한 최초 입주자 모집공고를 실시한다고 밝혔다.
> 통합공공임대주택은 1989년 영구임대주택을 시작으로, 1998년 국민임대주택, 2013년 행복주택 등 다양하게 발전해온 공공임대주택이 30년 만에 하나로 통합되는 최초 사례이다.
> 이번 모집물량은 과천지식 S10 605호, 남양주별내 A1-1 576호, 총 1,181호 규모이며, 두 곳 모두 전용 18㎡부터 56㎡까지 다양한 평형이 공급된다.

〈 통합공공임대주택 입주자 모집 개요 〉

구분	공급호수	공급평형					입주
		18㎡	26㎡	36㎡	46㎡	56㎡	
과천지식 S10	605	59	237	148	84	77	'24.1
남양주별내 A1-1	576	60	212	153	80	71	'23.10

이번 정부에서 발표한 주거복지로드맵(2017.11)을 통해 수요자 접근성은 높이고, 다양한 계층이 한데 어우러져 거주할 수 있는 공공임대 유형통합 모델을 처음으로 제시하였다.

이후, 연구용역, 전문가 의견수렴 등을 통해 소득·자산기준 등 공급기준 마련(2021.4), 소득연계형 임대료체계 도입(2021.12) 등을 통해 제도적 기반을 완성하였다.

통합공공임대주택이 본격 제공되면 수요자 입장에서는 다음과 같은 장점이 있다.

❶ 입주할 수 있는지 알기 쉬워지고, 문호도 더욱 확대

임대주택 유형별로 상이했던 복잡한 소득·자산기준 등이 하나로 단순화[영구임대(1989) + 국민임대(1998) + 행복주택(2013) ⇨ 하나로 통합(1~8분위, 2021)]되어 입주 가능여부를 파악하기 간편해졌다.

또한, 입주계층이 확대(중위 130%→150%)되면서 다양한 계층이 어우러져 거주할 수 있게 되었다.

❷ 오랫동안(최장 30년) 안심하고 거주 가능

거주기간을 30년까지 확대[(기존) 청년 6년, 자녀가 있는 신혼부부 10년 → (개선) 소득·자산요건 충족시 30년]하여 집 걱정 없이 오랫동안 안심하고 살 수 있는 거주환경이 마련되었다.

또한, 거주 중 소득이 점차 증가할 경우 퇴거[(기존) 영구임대 거주 중 소득이 증가하면 퇴거 후 국민임대에 재청약 →(개선) 거주 중 소득이 일부 증가하더라도 최대 기준(중위 150%)까지는 안정적 거주]해야 하는 불편함도 해소되었다.

소득연계형 임대료 체계가 도입되면서 시세보다 낮은 수준에서 소득에 따른 임대료를 부담하게 되며, 거주하는 임대주택 유형에 따라 임대료가 달라지는 불합리[수급자가 거주지역 내 영구임대가 공급되지 않아 행복주택에 거주하는 경우 영구임대(시세 30%)와 비교할 때 높은 임대료(시세 60%)를 지불하는 불합리]도 개선되었다.

❸ 평형 확대 등 품질↑, 다양한 생활서비스도 이용 가능

중형평형(전용 60~85㎡)이 새롭게 도입되어 보다 넓은 공간에서 쾌적하게 거주 할 수 있게 되었다.

연내 중형평형 1천호(부천역곡 A3, 시흥하중 A2, 성남낙생 A2, 의정부우정 S1, 의왕청계2 A4, 고양장항 S2)가 최초 사업승인 될 예정으로, 이르면 2025년 이후 입주 가능할 전망이다.

주요 마감재 품질도 2025년까지 분양주택 수준으로 높일 계획으로, 올해는 도어락, 바닥재, 빨래건조대, 홈제어시스템 4종의 품질을 개선(업그레이드)하였으며, 내년부터는 욕실 내 샤워부스 칸막이 등 시설을 추가한다.

사업계획 수립 단계부터 지역 수요를 바탕으로 생활문화센터, 다함께돌봄센터 등 생활 SOC를 적극 연계하여 주거와 서비스가 함께 어우러지는 생활을 누릴 수 있게 되었다.… "단순히 제도를 통합하는 것에 그치는 것이 아니라, 사람 중심의 주거 서비스 제공이라는 패러다임 전환의 출발점으로 삼을 예정"이라고 그 의미를 강조하였다.

아울러, "22년부터 신규 사업승인 하는 건설형 임대주택은 모두 통합공공임대주택으로 공급할 계획이며, 기존 주택에 대해서도 시범사업 등을 거쳐 점차 유형통합을 완성해 나갈 계획"이라고 밝혔다.

기존 공공임대주택은 영구임대주택, 국민임대주택 등으로 대규모 공공주택지구나 신도시에 의무비율로 공급되던 것에서 탈피하여 일정수준의 소득이 있고 도심 내 저렴한 주거지를 선호하는 젊은층 수요를 위한 행복주택을 도입하여 수요자 중심의 공공임대주택을 설계할 수 있었다.

통합공공임대주택을 통해 입주자격기준 통합, 입주계층의 중위소득자로의 확대, 도심입지지역 영구임대주택이 없는 행복주택 입주자, 행복주택 빌라, 소형주택 등을 통해 별도 입주자 등에 대한 공급수요도 해소하였다는 것이다.

공급자관점에서 60㎡이하의 동일유형의 공공임대주택을 설계하는 것에서 소득·자산기준, 입지선호도, 직주근접 등 수요자 관점에서 18㎡에서 56㎡까지 다양한 유형으로 설계한 것이 주요한 특징이다.

공공임대주택은 대규모 공급으로 인한 공사비 절감, 유지관리비용이 등으로 공급자 관점에서 설계하던 것에서 수요자(저소득, 중위소득자 등)관점 설계로 공급하는 것으로 부동산 시장의 변화에 맞춰『공공주택 특별법 시행령』도 2020년 9월 1일 일부개정하였다.

3.4 인플레이션과 달라지지 않는 정부 지원비, 임대보증금

* 2020.9. 공공주택 특별법 시행령 개정

2020년 9월 8일 개정 된 『공공주택 특별법 시행령』일부개정령안의 개정사유와 주요내용은 다음과 같다.

> 공공임대주택 유형(영구·국민·행복주택 등)이 다양하고, 입주기준·임대료 부과체계 등이 유형별로 상이하여 공공임대 공급이 수요를 반영하지 못하고 지나치게 복잡하다는 문제가 지속제기 됨에 따라 공공임대주택 유형을 하나로 통합한 '통합공공임대주택' 공급을 위한 사업 추진 근거를 마련하고자 함.

[공공주택 특별법 시행령]
· 건설형 임대주택 유형을 수요자 관점에서 통합
· 유형통합 선도사업 추진을 위한 '통합공공임대주택'의 정의를 신설
· 통합공공임대주택 임대의무기간 30년 지정

공공임대주택의 공급을 수요자 중심인 유형을 하나로 통합할 목적으로 개정한다는 내용이다. 이외에도 공공임대주택 임차인이 부득이한 사유로 주택을 소유하게 된 경우 재계약 해제·해지 예외 사유를 합리적으로 개선하는 내용도 포함되었다.

개정령이후 정부의 통합공공임대 주택의 구체적인 공급계획을 언

론보도를 통해 살펴보면 다음과 같다.

> **[속보]洪 "통합공공임대, 내달 과천·별내 1,200가구 공급…매년 7만 가구 공급할 것"**
>
> 홍○○ 부총리 겸 기획재정부 장관이 오는 2022년 1월 과천 지식정보타운, 남양주 별내 등에 1,181가구 규모의 통합공공임대 입주자를 모집할 예정이라고 밝혔다. 또한 매년 7만 가구 규모의 통합공공임대주택을 공급하겠다는 계획도 발표했다.
>
> 홍 부총리는 8일 열린 제34차 부동산시장 점검 관계장관회의 모두발언에서 "통합공공임대주택이 연구용역 등 준비를 거쳐 연말이면 시행준비가 완료될 것"이라며 이같이 말했다. 통합공공임대는 영구임대·국민임대·행복주택 등 칸막이로 운영되던 공급자 중심의 기존 공공임대를 수요자 관점에서 재설계하기 위해 주거복지로드맵에서 제안한 개념이다.
>
> 통합공공임대주택은 30년 거주를 보장하고 입주자격 및 기준도 단일화해 보다 폭 넓은 계층이 이용 가능토록 하고 수요자 편의성도 개선했다는 것이 정부의 설명이다. 3~4인 가구가 선호하는 전용 60~85㎡의 중형주택도 신규 도입하고 질적인 측면 또한 분양주택 수준으로 공급하겠다는 계획이다.
>
> 하지만 전반적인 주택 공급이 막혀 있는 상황 속 공공임대주택만 추진, 정작 '내 집 마련'을 원하는 수요가 소외되는 것 아니냐는 지적이 제기된다.
>
> 서울경제, 2021.12.8.

하지만 공공시행자 주도의 통합공공임대주택은 수요자 선호형인

60㎡이상 등 중형면적 도입이 낮고 행복주택 대비 수익구조 등에 한계로 인하여 정부목표인 연 7만 가구 규모의 공공임대주택 공급의 한계를 보였다.

2022년 공공임대주택 사업에서 중형 면적 공급은 없었다. 정부는 공공임대의 품질을 높이겠다며 전용면적 60㎡(18평) 이상의 공급 확대를 약속했지만 이행되지 않은 것이다. 1월부터 7월까지 LH 건설형 공공임대 신규 사업 승인 건수는 5건 1,139가구에 그쳤고 대부분이 14평 규모의 소형이었다. 또한 2023년에는 공공임대 관련 예산까지 대폭 삭감될 예정이므로 양질의 공공임대 공급에 차질에 우려를 표하는 목소리가 높았다. 공공임대 신규 승인 현황은 2023년 1월부터 7월까지 총 5건 1,139가구, 지역별로는 세종특별자치시 159가구, 경북 경주시 90가구, 대전광역시 120가구, 경기 이천시 620가구, 경남 창녕군 150가구이다. 중형 면적 공급 부재로 전용 60㎡(18평) 이상 중형 면적 공급은 없었으며 총 1,139가구 중 약 72.7%가 14평 규모인 전용 46㎡ 이하였다.

기사는 개정 시행령의 도입 취지인 수요자 중심 설계 기준에 맞게 전용 60~85㎡ 중형면적 비중을 확대하려는 계획과는 다르게 공급 목표 물량확보를 위해 기존의 전용면적 60㎡ 미만으로 공급하고 있음을 밝히고 있다. 그리고 통합 공공임대주택이 소형화 되고 신규 공급 물량이 저조한 이유는 사업구조 특성상 수익이 제한되고 재정 지원금 또한 낮아 사업성 확보에 한계가 있다는 것이다.

먼저 수익구조를 살펴보면 통합 공공임대주택은 일정 기준(소득 기준 등)의 수요자로 인하여 임대보증금이나 임대료가 제한되어 사업성 확보가 어려운 구조이다. 더욱이 기존의 행복주택에 비하여 통합 공공임대주택은 임대보증금 및 임대료의 산정기준이 상대적으로 낮아 공공시행자는 행복주택으로의 사업 시행을 선호할 수밖에 없다.

국토교통부 고시 『표준 임대보증금 및 표준임대료 등에 관한 기준』을 행복주택과 통합 공공임대주택을 비교해 보면 임대보증금 산정과 표준임대료 산정 시 적용되는 공급 대상 계수와 소득 구간 계수에서 차이가 나는 것을 알 수 있다. 임대보증금 및 임대료의 산정 기준인 '계수' 기준이 통합 공공임대주택이 평균 0.6인 반면 행복주택은 평균 0.71로써 상대적으로 높다.

행복주택의 경우 임대보증금 산정기준은 "(표준 임대보증금=임대 시세)×(공급 대상 계수)×50/100"으로 계산되고, 표준임대료는 "(표준임대료)=(표준 임대보증금)×(시장전환율)(실제 해당 지역의 전월세 전환율)"로 산정된다. 여기에서 공급 대상 계수는 다음과 같다.

〈 공급 대상 계수 〉

공급대상	공급대상 계수	공급대상	공급대상 계수
신혼부부, 한부모가족 등	0.80	소득이있는 청년 등	0.72
산업단지 근로자	0.80	대학생, 소득이 없는 청년	0.68
고령자	0.76	주거급여 수급자	0.60

* 국토교통부 고시 제2021-2034호

반면에 통합공공임대주택의 경우 임대보증금 산정기준은 "(표준임대보증금)=(임대시세)×(소득구간 계수)×35/100"으로 계산되고, 표준임대료는 "(표준임대료)=(임대시세)×(소득구간계수)×65/100×(시장전환율)(실제 해당지역의 전월세 전환율)"로 산정된다.

〈 소득구간계수 〉

	소득구간	소득구간 계수
해당 세대의 월평균 소득이 기준중위소득의	30퍼센트 이하	0.35
	30퍼센트 초과 50퍼센트 이하	0.40
	50퍼센트 초과 70퍼센트 이하	0.50
	70퍼센트 초과 100퍼센트 이하	0.65
	100퍼센트 초과 130퍼센트 이하	0.80
	130퍼센트 초과 150퍼센트 이하	0.90

* 국토교통부 고시 제2021-1598호

다음으로 재원조달부문에서도 건설비 등 투자비 대비 정부지원규모가 적어 지방공사보다 상대적으로 재원조달이 가능한 LH에서도 공공임대주택 사업에 따른 부채가 늘어나고 있어 적극적인 통합공공임대주택 건설에 한계가 있는 것이다.

이에 대한 문제점을 지적한 언론보도(조선비즈, 2022.9.14.)를 살펴보면 다음과 같다.

2022년 기준 한국토지주택공사(LH)가 국민임대주택 한 가구를 지을 때마다 평균 1억 8,300만 원의 빚을 지는 것이 드러났다. 정부 출자금을 제외한 금액이 LH의 부채로 계상되는 구조 때문이었다. 인플레이션에 따라 임대주택 건설 공사비는 증가했지만 정부 지원금은 비례해 늘지 않았다는 지적이다. 공공임대주택 유형에 따라 정부지원금이 다르며 통합임대주택, 행복주택, 매입임대, 영구임대 등을 건설할 때도 LH의 부채가 증가하는 실정이었다. 정부지원단가와 사업계획비의 차이가 가장 큰 원인이며 정부는 임대주택 건설 시 정부지원 기준으로 재원부담비율을 정하고 있지만 실제 건설 공사비가 더 많아 LH가 부족한 금액을 부담해야 하는 구조다. 이에 대해 한 의원은 정부지원단가와 사업계획비의 차이를 현실화하지 않고서는 LH의 부채만 쌓일 수밖에 없으며 정부 재정지원 부족으로 인한 임대주택의 소형화와 하자 증가 등의 악순환이 이어지고 있다고 지적했다.

공공사업시행자는 통합공공임대주택 건설시 재원조달 계획은 주택 등 건설비의 30%는 국비지원(2023년 건설형 임대주택 예산지원, 국토교통부)으로 주택 등 건설비의 40%는 주택도시기금의 지원(2023년 주택도시기금 운영계획, 23p)으로 하고 나머지 약 10%는 공공사업시행자가 부담하는 구조이다.

국비 및 주택도시기금은 통합공공임대주택의 호당 단가로 지원하여 자재 값 폭등 등 물가상승 시 공공사업시행자의 부담이 크게 늘어나는 것이다.

따라서 통합공공임대주택의 공급을 확대하기 위해서는 공공사업시행자의 사업성 개선을 위해 행복주택수준의 임대보증금 및 임대료 산정기준 완화 및 정부재정지원의 현실화 등이 필요할 것이다.

5부

부동산 리스크 헤지, hedge 방법이 있을까?

....

부동산관련법 제·개정에 따른
부동산 이슈에서 벗어나기

1 부동산 이슈에 난립하는 레카법, 이대로 괜찮은가?

1.1 법률 제·개정 메커니즘

입법과정은 법률안을 국회의원이나 정부가 발의 또는 제출하여 일반적 심의 절차를 거쳐 제정, 개정된다.

"법률안"이란 법률을 제정·개정·폐지하기 위하여 발의 또는 제출되는 의안을 말한다. 헌법 제52조는 "국회의원과 정부는 법률안을 제출할 수 있다"라고 하여 정부에도 법률안 제출권을 부여함으로써 정부의 입법과정 참여를 제도적으로 보장하고 있다.

의원이 발의하는 법률안은 발의자를 포함하여 의원 10인 이상의 찬성이 있어야 한다.

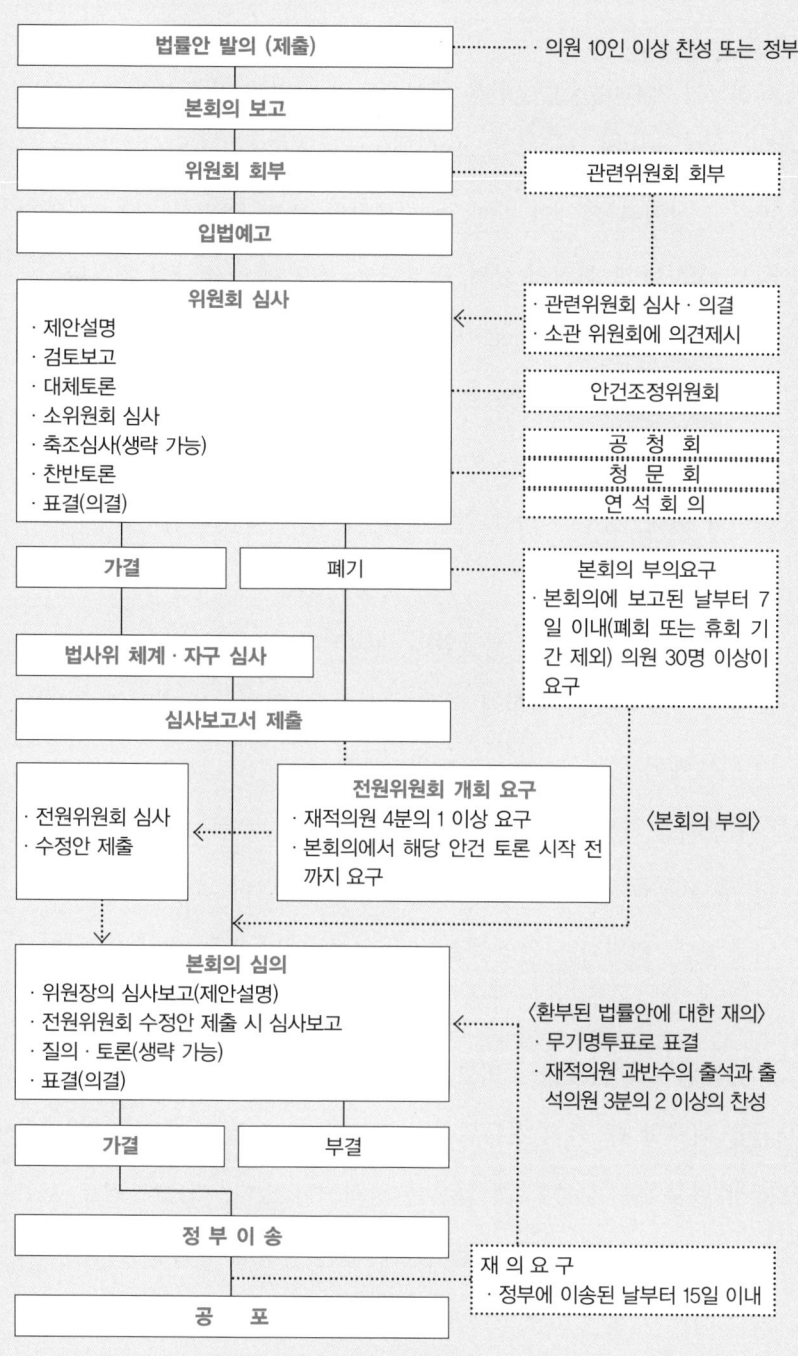

⟨ 국회 입법절차도 ⟩

* 21대국회후반기 법제사법위원회편람(2022, 국회법제사법위원회)

정부가 제출하는 법률안은 국무회의의 심의를 거쳐 대통령이 서명하고 국무총리와 관계 국무위원이 부서(副署, 함께 서명)한다. 의안의 일반적인 심의는 의안의 발의(제출), 본회의 보고, 위원회 회부, 위원회 심사, 심사보고, 본회의 심의, 정부이송, 공포 등의 절차를 거친다.

주요한 절차를 중심으로 내용을 정리하면 다음과 같다.

법률안 제출은 원칙적으로 국회의원과 정부에 제출권을 부여하고 있다. 의원발의 법률안은 의원 10명 이상의 찬성으로 의장에게 제출하여야 한다. 정부에 의한 의원제출안은 국무회의의 심의를 거쳐 대통령 명의로 한다.

다음으로 국회의장은 법률안이 발의되거나 제출되면 본회의에 보고한 후 소관상임위원회에 부쳐 심사한다. 위원장은 간사와 협의하여 입법예고(국회공보 또는 국회 누리집 등)를 한다.

위원회는 제안자(의원 또는 소관 국무위원) 설명과 전문위원의 검토 보고 후 토론을 거쳐 소위원회 부쳐 심사·보고한다. 소위원회 심사 결과를 받은 위원회는 원안의결, 수정의결, 폐기 또는 대안 의결 여부에 대해 표결한다.

전문위원의 검토는 국회법 제58조 제1항(위원회의 심사)『위원회 안건을 심사할 때 먼저 전문위원이 검토해 보고 필요』에 따라 위원회에서 법률안을 심사할 때 듣도록 명시되어 있다. 이러한 검토 보고는 의원입법이 폭발적으로 증가하고 있는 상황에 중립성, 책임성, 기타 의견수렴 등에 있어 중요하다 할 수 있다. (법정책이슈브리핑, 지평법정책연구소 지평공공정책팀, 2023.10.5.)

　소관위원회 심사 이후 법제사법위원회의 체계와 자구에 대한 심사를 거친다. 체계의 심사는 위헌 여부, 자구의 심사는 법문 표현의 통일성 등을 심사하는 것을 의미한다.

　법제사법위원회의 체계와 자구 심사 이후 심사 결과를 소관위원회에 통보하고 소관위원회는 체계와 자구 심사 결과를 반영한 심사보고서를 작성하여 국회의장에게 제출한다.

　그리고 위원회 심사 절차를 마치거나 본회의에서 직접 의제가 된 법률안은 본회의에 보고하고 질의, 토론을 거쳐 표결한다.

　의결된 법률안은 국회의장이 정부에 이송하고 대통령은 15일 이내에 공포한다. 다만, 이의가 있으면 재의를 요구할 수 있다.

　제출된 법률안 중 처리의 안 통계를 살펴보면 21대 국회(2020년~2024년) 기준으로 법률안 총 24,383개 접수(의원발의 23,647, 정부 제출 736)되어 처리된 건은 7,495건(의원발의 7,092, 정부 제출 403)으로 약 30%가 처리되었다. (의안정보시스템, 처리 의안 통계)

　처리 기간을 살펴보면 21대 국회 기준으로 402회~410회 회기 때 접수된 법률안 총 5,181건 중 처리된 건은 234건으로 약 4.5%가 처리되었다.

　이처럼 약 30일간의 회기 때 접수되어 기간 내에 처리된 법률안은 적은 것으로 나타났다. 미처리된 약 95%의 법률안은 다음 회기로 이관되거나 장기적으로 계류, 국회의원의 임기 내 미처리로 폐기되는 등 법률안의 빠른 처리는 어렵다.

하지만, 앞서 살펴본 것처럼 대장동 사건, LH 사태, 전세 사기 피해 등은 이슈가 큰 만큼 도시개발법 일부개정, 공직자의 이해충돌방지법 제정, 한국토지주택공사법 개정, 전세 사기 피해자 지원 및 주거 안정에 관한 특별법 제정안의 처리 기간은 7일에서 1일 정도 소요되었다.

도시개발법 일부개정안의 경우 3일(2021.12.6. 상정, 2021.12.9.본 회의 의결), 공직자의 이해충돌방지법 제정안의 경우 7일(2021.4.22. 상정, 2021.4.29. 본회의 의결), 한국토지주택공사법 개정안의 경우 5일(2021.3.19. 상정, 2021.3.24. 본회의 의결), 전세 사기 피해자 지원 및 주거 안정에 관한 특별법 제정안의 경우 1일(2023.5.24. 상정, 2023.5.25. 본회의 의결) 정도로 빠르게 법률안이 처리되었다.

그렇다면 부동산 등 이슈가 큰 법률안의 제·개정은 기타 법령안보다 어떻게 빠르게 처리가 되는가? 에 대한 답변을 하자면 다음과 같다.

입법과정에서 국토교통위원회, 국방위원회 등 소관위원회의 심의를 거치는데 이때 소위원회의 여, 야 간사 합의를 통해 안건의 우선순위를 두어 심사한다. 이후에 법제사법위원회 체계, 자구 심사 시에도 간사 들 간의 합의에 따라 안건을 상정하고, 전원위원회 심사를 통해 본회의에 넘겨진다.

즉, 이슈가 크면 클수록 각 위원회의 여·야 간사 들 간의 합의를 통해 입법의 처리 기간을 크게 단축할 수 있다.

하지만, 입법과정에서 부동산개발 관련 시행자(공공, 민간 등)와 이해관계자들이 의견을 제시하는 것이 입법예고 기간으로 한정되어 있고, 각 위원회에 보고되는 전문위원의 검토보고서에 대한 객관성, 중립성 등의 규제 장치가 없는 상태에서 큰 이슈로 빠르게 입법이 추진된다. 애초 법 취지와 맞지 않거나 불필요한 내용으로 제·개정되는 경우에 대한 보완 방안 마련이 필요하다.

1.2 부동산 이슈가 크면 클수록 부동산 리스크도 크다

부동산정책, 기준금리, 안전사고, 미분양, 부동산 금융, 사건·사고 등 다양한 변수에 따른 부동산 이슈가 크면 클수록 부동산 개발사업에 있어서 사업성, 인·허가, 재원 조달, 시공, 준공 후 관리 등 사업추진 단계에 있어서 리스크도 커진다.

특히 부동산 이슈가 크면 클수록 입법화가 빠르게 이루어져 기존 법령의 취지에 맞지 않게 개정되어 대장동 사건 사례처럼 유사 도시개발사업이 중단되는 사태도 발생한다.

국회에서는 의원들의 법안 발의가 급증했으며, 이로 인한 부실 입법 논란이 일고 있다. 20대 국회에서는 건당 평균 10분 남짓의 심사 시간을 들여 9천여 건의 법안을 법률로 만들었으며, 21대 국회에서는 법안 발의 건수가 2만 6천 건을 넘어서는 등 의원 발의 법률안이 크게 증가했다. 이러한 현상은 국회의 입법 효율성을 떨어뜨리고, 법안 가결률의 하락으로 이어지고 있다. 대한상공회의소는 주요국 입법 시스템 비교 보고서에서 한국 국회의 의원 1인당 평균 법안 발의 건수가 다른 대통령제 국가에 비해 압도적으로 많다고 지적했다.

의원들의 법안 발의가 증가하는 가운데, 특히 사회적으로 주목받는 사건이나 사고에 대한 법안 발의가 집중되는 현상이 나타나고 있다. 이러한 '레커 법' 현상은 중복 또는 과잉에 따른 졸속 심사를 불가피하게 만들며, 법안의 영향력과 효과를 제대로 따져보지 않는 사전 영향분석 과정의 부재가 본질적인 문제로 지적되었다. 이에 따라 국회는 법안 발의의 질적 제고를 위한 '입법 영향분석 제도' 도입을 모색하고 있으나, 의원입법에 대한 사전 절차 강화가 입법권 침해로 이어질 수 있다는 우려도 제기되었다.

이처럼 의원 법안 발의의 급증과 그에 따른 부실 입법 논란은 국회의 입법 활동에 대한 질적 개선이 필요함을 시사한다. 입법 과정에서의 사전 영향분석과 체계적인 심사 절차의 강화가 요구되며, 이를 통해 국민의 편익을 증진시키고 입법의 효율성을 높일 수 있는 방안을 모색해야 할 것이다.

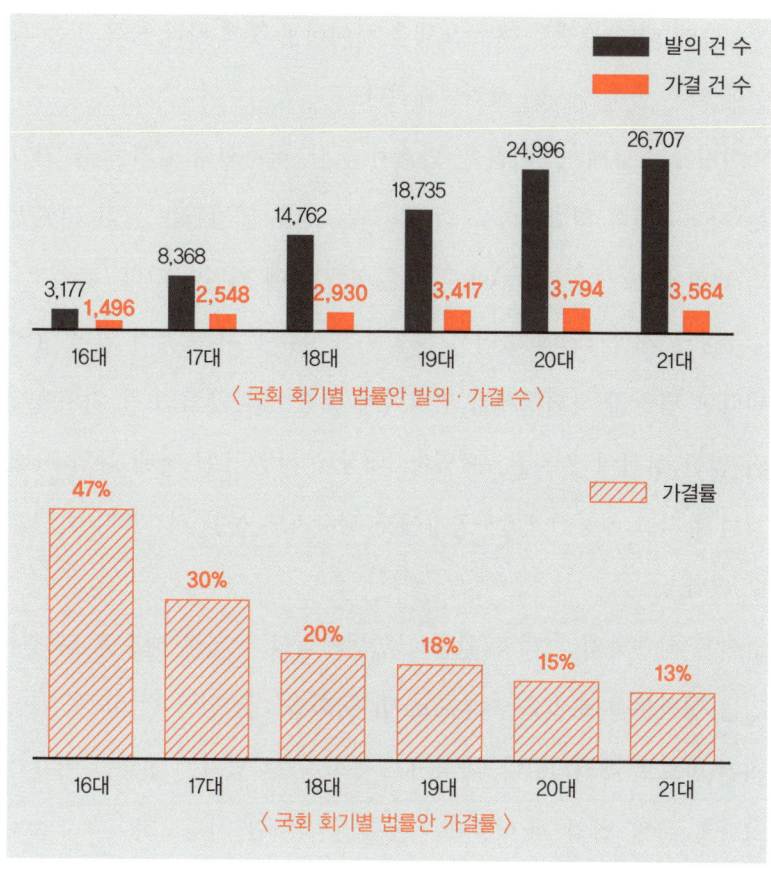

〈 국회 회기별 법률안 발의·가결 수 〉

〈 국회 회기별 법률안 가결률 〉

핫이슈로 떠오른 전세 사기 사태 등에 대해서는 경쟁적으로 입법이 이루어지는 이른바 레커 법[1] 현상이 일어난다. 이러한 현상은 심의·절차가 까다로운 정부 입법과는 달리 의원 10명이 서명하면 발의할 수 있는 의원입법에서 주로 일어난다.

[1] 교통사고가 났을 때 현장으로 몰려가는 견인차 레커(Wrecker)에 빗댄 말로, 특히 사회적으로 주목받는 사건·사고에 법안 발의가 쏠리는 현상

이슈에 대한 경쟁적 해소 노력을 보이려는 것에 따라 중복 또는 과잉에 따른 졸속 심사가 불가피해진다.

여기에는 규제개혁위원회, 법제처 심사, 국무회의 심의 등을 거치는 사회경제적 영향분석을 의무화하는 정부 입법과는 달리 의원발의 법안에서는 이를 의무화 하지 않고 있음에 원인이 있다.

부동산 개발사업에 있어서 부동산 핫이슈에 따른 래커 법이 발의된다면 법안의 사회경제적 영향력에 대한 충분한 검토가 이루어지지 않는 상황이 펼쳐질 수 있다. 대장동 사건, LH 사태 등의 사례처럼 유사한 부동산개발사업자에게 생각지도 못한 리스크가 발생할 수 있다.

이를 타개하기 위해 의원발의 입법사항의 문제점 해소를 위해서 입법 영향분석 도입을 기본으로 한 국회법 개정안이 발의되었지만, 회기 만료로 폐기되었다. 따라서 부동산개발사업자는 부동산 이슈가 크다면 관련 법의 제·개정이 이루어질 것이란 가정으로 본 사업에 어떠한 영향을 미칠지에 대한 분석과 사전적인 모니터가 필요할 것이다.

특히 법이 제·개정될 경우 해당 법률의 효력이 미치는 기준을 세밀히 살펴보는 것이 중요할 것이며 보통 입법 후 6개월에서 1년으로 유효기한을 두지만 대장동 사건으로 2021년 12월 개정된 『도시개발법』처럼 법 공포 이후 6개월 내 구역 지정하는 경우를 제외하는 규정이라면 현실화 할 가능성이 없기 때문이다.

1.3 법률 제·개정(일반법)과 특별법 제정의 차이는?

　일반법과 특별법은 법의 효력 범위의 넓고 좁은 것의 차이를 기준으로 구별된다. 법의 효력은 지역, 사람, 기간 등에 관한 것인데 이에 대해 일반적으로 적용되는 법이 일반법이며 일반법보다 좁은 범위에 적용되는 법이 특별법이다.

　일반법과 특별법과의 구별은 상대적인 것으로 어떤 법령에 대한 특별법이 다른 법령에 대한 일반법인 경우도 있다.

　하지만, 법 적용과 해석에 있어서 같은 사항에 대하여 일반법과 특별법이 함께 존재하는 경우 특별법이 일반법에 우선하여 적용되고, 특별법의 규정이 없는 때에만 일반법이 보충적으로 적용된다는 데 있다.

　예를 들면 지역·사람에 따른 효력을 민법과 형법 등은 영토 내의 전 지역 및 모든 사람에게 적용되는 일반법이며, 조례는 그 해 공공단체의 지역 안에서만 적용되는 특별법이며, 소년법은 특정한 나이의 사람에게 적용되는 특별법이다. 사항에 대해서 말하면, 호적법은 민법의, 상거래 가운데 특수한 사항에 관한 은행법·보험법 등은 상법의, 또한 기업에 관한 법으로서의 상법은 민법의 특별법이다.(2023 법학개론 에센스, 천진우, 퍼플, 2023.)

　특별법은 이슈 또는 사회변화에 따라 빠르게 대응하는 수단으로,

특정한 사람과 지역에만 법이 효력을 미치는 법이다. 국민의 입법수요가 증가하고 이슈가 다양하고 전문화 되면서 일반법이나 기존 법령으로는 대응하지 못하는 분야에 특별법 제정 또는 개정이 필요 하다. 또한 큰 비용과 많은 시간이 소요되는 현안 사항이나 사회적 이슈에도 일반법보다는 특별법을 통해 빠르고 원활하게 목적 달성할 것으로 기대할 수 있다.(중도일보, 법의날 좌담회 '특별법 전성시대... "일반법 압도하는 모순 경계해야", 2023.4.25.)

특별법이 국민적 합의나 오랫동안 논의를 거쳤음을 전제한다면 이슈에 빠르게 대응하는 소기의 목적을 달성하는 데 분명한 효과가 있는 것이 사실이다. 따라서 일반법으로 다루기 어려운 현상에 신속히 대처하기 위해 특별법을 제정한다.

특별법은 일반법의 가치를 최대한 존중하면서 보충적 예외적으로 만들어야 하는 원칙이 지켜져야 한다. 그러나 특정한 지역에 혜택이 집중되거나 이슈가 클수록 즉흥적 대응 수단으로 특별법을 필요 이상으로 자주 의원 발의하고 정부에 제출하여 통일적이고 체계적인 법의 유지를 어렵게하고, 안정성을 헤친다는 지적도 있다.

2023년 4월 의원이 발의한 『대구경북통합신공항 건설을 위한 특별법』과 국방위원장이 제안한 『광주 군 공항 이전 및 종전 부지개발 등에 관한 특별법』이 동시에 공포되었다.

여기에는 특별법을 만들어 국가의 재정적 지원을 끌어내고 이전 사업이 원활하게 진행되도록 도움을 받을 목적이 있었다. 특별법으로 장기간 표류하던 지역 숙원사업인 대구광역시와 광주광역시 도심의 군용항공기지 이전 사업을 통해 공항의 입지 선정을 둘러싼 사회적 갈등과 논란을 해소하길 위한 것이다.

하지만 입법과정에서 기존의 일반법인 『국유재산법』과는 다르게 『대구경북통합신공항 건설을 위한 특별법』은 신속한 사업추진을 위해 예비타당성조사의 면제 특례를 부여했다. 『대구경북통합신공항 건설을 위한 특별법』과 『광주 군 공항 이전 및 종전 부지개발 등에 관한 특별법』 추진 시 사업비가 부족할 때 중앙관서장이 사업시행자에게 융자 또는 직접지원 할 수 있도록 한 것이다.

이는 기존의 기부대양여 사업 방식에는 없던 내용으로 사업성을 국가가 보전해 주고 사업시행자도 별도로 정한 자로 하는 등 특혜를 부여하였다. 이러한 특별법 제정으로 지역 내 현안 및 이슈를 빠르게 해소할 수는 있지만 다른 지역과의 형평성 결여 및 기존 일반법 등과도 충돌되거나 위배 될 수가 있는 문제점이 발생하기도 한다.

2014년 1월 14일에 개정 공포한 『공공주택건설 등에 관한 특별법』의 일부 개정 법률안은 행복주택 사업추진을 위하여 공공시설부지 등에서 공공주택사업을 시행하는 시행자에게 국가·지방자치단체가 국·공유재산을 수의계약으로 사용 허가하거나 매각·대부할 수 있도록 했다. 사용·대부 기간을 50년 이내로 사용료·대부료를 감면할 수 있게 했으며 해당 국·공유재산에 영구시설물을 축조할 수 있도록 하는 등 특례조항을 담았다.

공공건설임대주택 공급 시 일반법인『국토의 계획 및 이용에 관한 법률』제76조 '용도지역 및 용도지구에서의 건축물의 건축 제한 등'에는 "지정된 용도지역에서의 건축물이나 그 밖의 시설의 용도·종류 및 규모 등의 제한"하는 조항이 있다. 그럼에도 불구하고 건축법에 따른 판매시설, 업무시설, 숙박시설 등을 공공주택과 함께 건설할 수 있고, 주택 비율 일정 제한사항도 적용하지 않았다.

이는 기존의 일반법인『국유재산법』이나『공유재산 및 물품관리법』에서의 국·공유재산에서의 영구시설물의 축조금지, 사용 허가 시 경쟁입찰의 원칙 사항에 공공건설임대주택 건설 특례를 부여한 것이다.

만일『공공주택 특별법』을 따르지 않는다면 국·공유재산에서의 처분 등 사업 시행은 일반재산인 행정재산 외의 국유재산 및 용도폐지 재산으로 한정된다. 행정재산인 국가가 직접 사용하는 재산인 공용·공공용·기업용·보존용 재산은 처분하지 못하고 일정 기준에 따른 사용 허가로 사용하거나 수익을 만들 수 있다.

하지만 특정 지역의 이익에 편중되고 기존의 일반법과 형평성이 맞지 않는다면 기존 일반법과의 연관성, 통일성을 헤쳐 안정적인 법률적 기반을 무너뜨릴 수 있다. 특별법 제정 또는 개정 때에는 다른 법령과의 형평성을 고려하여 다양하고 충분한 의견 수렴해, 입법 후 피해 발생 원인을 최소화하는 노력이 필요하다.

2 부동산 이슈와 법률 제·개정은 동상이몽

2.1 민간 주도 목적 도시개발법의 민간 참여 제한

도시개발법은 도시개발에 필요한 사항을 규정하여 계획적이고 체계적인 도시개발을 도모하고 쾌적한 도시환경의 조성과 공공복리의 증진에 이바지하는 데 목적이 있다[1]. 도시개발법은 종전의 도시계획법의 도시계획사업에 관한 부분과 토지구획정리사업법을 통합하고 보완한 것이다. 토지구획정리사업법은 2000년 1월 28일 도시개발법을 제정하면서 통폐합하였다.

1980년대 도시개발사업은 주로 토지소유자가 주체가 되어 시행

---
[1] 도시개발법 제1조 목적

한 토지구획 방식으로 추진하였다. 1980년대 중반부터는 수도권 신도시 조성 등 공공주도의 대규모 택지 개발 사업방식을 시행하였다. 그러나 이러한 사업방식은 도시기능의 편중 현상이 심화하고 민간 참여가 제한되었으며, 원주민 등의 의견이 반영되지 못하는 등의 문제점을 일으켰다.

이후 도시개발법에 도시의 주거 및 산업기능이 종합적으로 갖춰지도록 하고 지자체와 지역주민이 주도하는 도시개발방식을 도입하였다. 이와 동시에 민간에게 도시개발사업의 개발계획 및 실시계획에 대한 수립 권한을 부여함으로써 민간이 공공사업을 주도하고 정부와 지자체는 관리 감독을 강화하는 방향으로 바뀌었다.

2007년 3월 상정되어 2007년 4월 개정 공포된 『도시개발법』 일부개정안의 내용을 살펴보면 민간 주도 도시개발사업의 활성화 등을 위해 법을 개정한 것을 알 수 있다.

> 민간 도시개발사업의 활성화와 토지의 원활한 공급을 유도하기 위하여 개발계획의 수립·변경 시에 토지소유자의 동의 절차를 간소화하고, 지구단위계획에 따라 도시개발사업을 시행하기 위하여 도시개발구역을 지정할 때는 도시계획위원회의 심의 절차를 거치지 아니하도록 하며, 민간 시행자가 토지 등의 수용 또는 사용을 할 수 있는 토지소유자의 동의요건을 완화하되 토지소유자 동의요건 산정 기준일을 지구 지정 시로 법률에 명확히 규정하고, 행정청의 재량행위를 투명하게 하는 등 도시개발사업 관련 규제를 개선하는 한편, 정부 출연기관, 주택건설사업자, 부동산투자회사 등을 도시개발사업

의 시행자로 추가하고, 민간의 도시개발사업에 관한 공사를 감리하여야 하는 법적 근거를 마련하는 등 현행 제도의 운용상 나타난 일부 미비점을 개선·보완하려는 것임.

[도시개발법] 개정안 주요내용

1. 도시개발사업 시행자 확대
   - 정부 출연기관, 주택건설사업자, 부동산투자회사 등 추가
2. 실시계획 인가 의제사항 확대
   - 전용공업용수도 설치인가
   - 농지의 전용 신고·타 용도 일시 사용 허가
   - 오수 정화시설과 단독정화조의 설치신고 등 추가
3. 토지 수용 또는 사용 요건 완화
   - 토지 소유 요건은 그대로 유지
   - 토지소유자 동의 요건을 총수의 3분의 2 이상에서 2분의 1 이상으로 완화
   - 토지소유자 동의 요건 산정 기준일을 도시개발구역 지정 고시일로 변경

개정안에는 민간 시행자의 사업 참여를 위해 시행자에 민간 참여 대상 확대, 인허가 의제사항 확대, 토지소유자 동의요건 완화 등 민간 주도 도시개발사업 추진에 대한 지원방안 마련이 주요 내용이었다.

우리나라는 1990년대 이후 저출산 고령화 및 저성장 등으로 도심 노후화와 공동화 문제가 발생했으며 신도시 중심의 개발로 도시재생의 필요성이 가속화 되고 있다.

이러한 문제점 해소를 위해 도시개발사업에 있어서 대규모 주택공급을 위한 공공주도의 도시개발사업에서 민간의 자본력과 기술력을 활용하기 위한 민·관 공동 도시개발사업의 도입, 민간 참여자의 토지수용권 일부 도입 등으로 도시개발법이 2000년 1월 제정된 이후 민간 참여의 확대 및 규제 완화 방향으로 개정되었다.

하지만 대장동 사건의 이슈로 2021년 12월에 개정된 도시개발법 일부개정안으로 민간 참여가 제한되었다. 그 까닭으로는 민·관 공동 출자 법인의 공공시행자와 민간 참여자 간의 이익배분, 적정 이윤율 제한, 민간 참여자의 선정 방법 및 과정에 지정권자의 승인 및 정부의 관리·감독 권한 등 강화, 그리고 민간 참여자 배분 개발이익의 초과분 임대주택의 건설·공급 비용 재투자, 기반 시설 설치 용지 공급 가격 인하 사용과 같이 민간 참여자의 참여 제한 및 규제강화에 개정 내용이 집중되었기 때문이다.

〈 도시개발법 민간 참여 내용 〉

구 분	2000.1.28. 법 제정	2021.12.9. 법 개정
민간 참여자 참여	민·관 공동법인 등	민·관 공동법인 등
민간 참여자 선정	-	모집 방법, 협약 등 지정권자 승인
이익률 제한	-	민간 참여자 투자비의 10% 이내
조성 토지공급 제한	-	민간 참여자 지분율 이내
기타	-	민간 참여자 수익 임대주택 등 재투자

2000년 1월 도시개발법을 제정하면서 인구 및 부동산 시장 변화

로 인해 공공주도에서 민간 주도로의 도시개발사업 확대를 주된 내용으로 하였다. 그 제안 내용을 살펴보면 다음과 같다.

> 그동안의 도시개발은 주택단지개발, 산업단지개발 등과 같은 단일목적의 개발 방식으로 추진되어 신도시의 개발 등 복합적 기능을 갖는 도시를 종합적·체계적으로 개발하는 데는 한계가 있었던바, 종전의 도시계획법의 도시계획사업에 관한 부분과 토지구획정리사업을 통합·보완하여 도시개발에 관한 기본법으로서의 도시개발법을 제정함으로써 종합적·체계적인 도시개발을 위한 법적 기반을 마련하는 한편, 도시개발에 대한 민간 부문의 참여를 활성화함으로써 다양한 형태의 도시개발이 가능하게 하려는 것임.

그러나 2021년 12월 개정된 도시개발법은 제안 이유를

> 현행 도시개발사업을 시행하기 위해 설립된 민·관 공동출자 법인의 공공시행자와 민간 참여자 간의 이익배분, 적정 이윤율 등에 대해 따로 정하고 있지 않아 민간 참여자의 이익이 과도하게 발생할 수 있다는 문제가 제기되고 있으므로 민간 참여자의 이익을 합리적으로 제한하고 도시개발사업의 절차적 투명성 확보를 위해 민·관 공동출자 법인이 도시개발사업을 시행하고자 하는 경우 민간 참여자의 이윤율 상한을 사업의 특성, 민간 참여자의 기여 정도 등을 고려하여 대통령령으로 정하도록 하고, 민간 참여자 선정 방법, 민간 참여자와의 사업 시행을 위한 협약 체결 절차, 협약 체결 시 지정권자의 승인 및 정부의 관리·감독 권한 등에 관한 사항을 규정하려는 것임.

으로 밝히며 민간 주도의 도시개발사업 활성화를 저지했다.

도시개발법의 기존 제정 목적과 이후에 개정된 도시개발법 내용이 상충함에 따라 도시개발사업을 추진하려는 공공시행자는 물론 민간 참여자도 도시개발법 개정 이후 소극적으로 도시개발사업에 참여하고 있다. 사실상 도시개발사업을 통한 도심기능의 회복과 복합적·입체적 개발을 통한 토지이용의 효율화 사업 등을 위한 법적 기반을 이루는 도시개발법의 기능이 퇴색돼 가고 있다.

2.2 부동산개발업자는 관리강화, 부동산개발 리츠는 활성화

2019년 기준 한국부동산 개발협회는 부동산개발업 등록사업자의 등록 현황과 사업실적을 발표했다. 『부동산개발업의 관리 및 육성에 관한 법률』 제19조에 따라 부동산개발업 등록사업자에 대한 등록정보를 시·도지사가 매년 4월 30일 홈페이지에 공개하고 같은 법 제17조에 따라 등록사업자가 시·도지사에게 매년 4월 30일에 사업실적을 보고해야 한다.

2019년 부동산개발업계는 약 37조 원의 매출을 기록했다. 이는 2018년 대비 소폭 상승한 수치다. 총 2,600여 개의 등록사 중 2,120개가 사업실적을 보고했으며, 이들의 매출액은 37조 828억 원에 달했다. 특히 아시아신탁이 4조 5,826억 원으로 가장 높은 매출을 기록했으며, 케이비 부동산신탁과 하나자산신탁이 그 뒤를 이었다.

신탁사를 제외한 등록사 중에서는 엘시티피에프브이가 6,342억 원으로 가장 많은 매출을 보였고, 소노호텔앤리조트와 피엔지건설이 뒤따랐다. 개발사업 면적은 총 2,536만 7,718㎡로, 코리아신탁과 아시아신탁이 가장 큰 면적을 개발한 것으로 나타났다.

부동산개발업의 사업실적은 '부동산개발업의 관리 및 육성에 관한 법률'에 따라 매년 보고되며, 이번 발표된 사업실적은 비주거 부문에 한정된 것이다. 한국부동산개발협회는 주거 부문까지 포함하면 부동산개발 분야의 전체 규모는 100조 원 내외가 될 것이라고 설명했다.

〈 부동산개발업 사업실적 순위 〉

순위	등록번호	상호	사업건수	매출(백만 원)			사업면적(m2)		
				분양매출	임대매출	총매출	부지	시설	총사업면적
1	서울080061	아시아신탁㈜	134	4582639	0	4582639	0	2396052.87	2396052.87
2	서울080129	케이비부동산신탁㈜	173	4315014	8571	4323585	10642	1719649.17	1730291.17
3	서울080007	하나자산신탁	104	3668717	0	3668717	198218	1632328.29	1830546.29
4	서울090057	무궁화신탁	345	3271822	0	3271822	0	1939929.11	1939929.11
5	서울090081	코리아신탁㈜	246	2237151	0	2237151	3816770.92	1796726.64	5613497.56
6	서울070012	한국자산신탁㈜	72	1982464	0	1982464	0	1008421.37	1008421.37
7	서울070034	우리자산신탁㈜	83	1248626	1603	1250229	0	403842.1	403842.1
8	서울080010	한국토지신탁㈜	68	1143283	0	1143283	149241.49	809269.19	958510.68
9	서울080008	교보자산신탁㈜	131	1010194	1472	1011666	104862	825439.65	930301.65
10	서울070002	코람코자산신탁	51	938258	1172	939430	74932	616123.06	691055.06
				...					
14	강원100002	㈜소노호텔앤리조트	28	381262	70546	451808	0	0	0
				...					
16	경기150089	피엔지건설㈜	1	276600	0	276600	0	12504.9	12504.9

* 국가공간정보지원포털, 2019

국가 공간 포털에서 공개 중인 부동산개발업 등록 현황을 살펴보면 2017년 2,248곳에서 2019년 2,386곳, 2020년 2,439곳, 2021년 2,601곳, 2022년 2,750곳으로 매년 증가세를 유지하고 있음을 알 수 있다. 폐업 현황 또한 2017년 386곳, 2018년 386곳, 2019년 408곳, 2020년 436곳, 2021년 498곳, 2022년 478곳으로 매년 증가세를 보였다.

2023년 10월 말 기준으로 국내 운용리츠 현황(리츠 협회, 연도별 리츠)을 살펴보면 358곳으로 리츠 자산총계는 92조 원이다. 국내 증시에 상장된 리츠는 23곳이고 시가총액은 6조 9,756억 원으로 1순위인 삼성FN 리츠의 시가총액은 3,880억 원이다.

2001년 1월 『부동산투자회사법』 제정된 이후 2002년부터 2023년 말까지 리츠 총자산의 연평균 성장률은 27.8%로 나타났다.

부동산개발업은 2007년 5월 『부동산개발업의 관리 및 육성에 관한 법률』 제정 이후 부동산개발업 등록제를 기본으로 하여 기존의 건설업과 주택건설업과는 별도로 관리하는 내용으로 법령을 개정했다.

특히, 미등록 부동산 개발업자에 의한 불법, 편법, 과대광고, 투기 등으로 인해 경제활동에 미치는 부정적 외부효과를 최소화하고 실수요자를 보호할 목적으로 부동산개발업의 육성보다는 관리를 강화하는 방향으로 개정하였다.

부동산개발업 등록제를 통해 설립자본금, 시설, 부동산개발 전문 인력의 배치와 같이 등록 요건을 세분화하였다. 또한 시·도지사에게 매년 사업실적을 보고하고 신규등록 사항을 공개하는 등 소비자 중심으로 관리를 강화하는 개정 내용도 포함했다.

2021년 8월 개정된 법령은 부동산개발업 등록 요건 중 하나인 부동산개발 전문인력의 자격요건을 변경했다. 최초 사전교육으로만 인정하던 것을 일정 기간(최초 교육 후 3년 경과 시) 이후 재교육을 시행하는 것을 의무화하였고 업자 실태조사와 위반행위, 등록취소 조건, 과징금을 강화했다. 이처럼 『부동산개발업의 관리 및 육성에 관한 법률』의 개정 방향은 제정 당시 부동산개발업을 건전하게 관리하고 체계적으로 육성하자는 목적과는 다르게 부동산개발업의 육성보다는 관리 강화 중심으로 이루어진 것이 사실이다.

따라서 2017년 이후 2022년까지 부동산개발업 등록 현황은 매년 증가세를 보였지만 폐업이나 등록취소 등도 계속 증가세를 보여 부동산개발업 등록이 늘어나지 않고 일정 수준으로 유지되는 상황이다.

리츠는 2001년 5월 『부동산투자회사법』 제정 이후 다른 부동산 이슈처럼 사건, 사고 등의 빠른 해결을 위한 규제를 강화하는 입법과는 다르게 규제를 대폭 완화하고 리츠인가 등 등록 요건을 낮추는 등 제도를 활성화하는 방향으로 법령이 개정되었다.

법 제정 당시 리츠 형태가 기업업구조조정리츠에 한정되어 있던 것을 개정하면서 위탁관리리츠, 자기관리리츠로 세분되었다. 설립

기준도 예비인가 후 설립 인가 형태에서 영업 인가로 간편화 되었다. 또한 설립 최저자본금도 500억 원에서 250억 원, 100억 원, 70억 원(자기관리리츠), 50억 원으로 대폭 완화되었고, 현물출자도 자기자본의 2배 이내에서 10배 이내로 확대되었다.

이처럼 리츠는 공시제도 강화 부문으로 개정된 것 이외에 대부분 규제를 완화하고 제도를 활성화할 목적으로 개정되었다. 2023년 국내 리츠 시장의 활성화를 위해 주택도시기금이 출자를 통해 상장 리츠 시장 확대에 앞장섰다.

앵커 리츠는 특정 리츠의 자금 조달과 자산 운용, 시설 관리를 전반적으로 지원하기 위한 리츠의 한 종류다. 개발업자와 건설업자, 호텔/유통 대기업, 금융기관, 연기금 등이 최대주주(Anchor)가 되어 설립하는 리츠다. 앵커 리츠가 규모를 확대하고 투자 다각화에 나서며 상장 리츠 시장를 되살리는 역할을 했다. 국토교통부는 같은 해 앵커 리츠 변경 인가를 승인하고 1,550억 원을 추가 출자함으로써 앵커 리츠의 규모를 기존 3,100억 원에서 4,650억 원으로 확대했다. 이를 통해 앵커 리츠는 리츠 주식 매입이나 사채 투자 등 더욱 다양한 투자 활동을 할 수 있게 됐다.

앵커 리츠의 규모 확대는 국내 리츠 시장의 활성화를 목표로 한 정부의 정책 기조가 반영된 것으로, 최근 국내 리츠 시장이 저평가되어 있는 상황에서 주택도시기금의 정책적 역할과 운용 수익 측면에서 규모 확대가 적절한 시기라는 판단에 따른 것이었다.

부동산 개발업자나 리츠 모두 부동산 개발을 통해 투자금을 회수하고 업을 유지하는 구조이다. 여기에서는 재원 조달이 중요한데 우리나라의 재원 조달 방식은 PF를 통해 이루어진다.

PF는 기본적으로 미래의 수익을 기반으로 하는 자금조달 방식이지만 부동산 개발은 불확실성이 크기 때문에 리스크를 최소화하기 위해 금융기관은 건설 자금 대출 시 담보 및 신용보강을 요구한다.

우리나라 본 PF의 대주단은 책임준공 확약 등 시공사의 신용보강을 기반으로 하지만, 토지비용 상환, 수분양자 자금의 사업비 사용 등으로 토지 및 건물에 대한 온전한 담보권 확보가 어렵기 때문에 신용보강을 더욱 요구하게 된다.(우리나라 부동산 PF 구조의 문제점과 시사점, 하나금융 연구 연구위원 이보미, 2023.6.24.)

부동산 개발업자는 보통 총사업자금의 5%에서 10% 수준의 적은 자본금으로 토지매입을 시도한다. 공동주택 개발사업의 경우 시행사가 총사업자금의 10% 정도를 출자하여 초기 사업비와 토지매입금 일부로 사용하고, 토지매입 금액의 70%에서 90% 이상[2]은 금융기관의 브릿지론을 이용하여 조달한다.[3]

이처럼 전통적인 PF를 통한 재원 조달 방식에서는 금융기관에서

---

[2] 증권사가 제공하는 브릿지론의 경우 대형증권사가 제공하는 토지담보대출의 LTV는 평균 77.5% 수준이며, 중소형사는 평균 93.4% 수준(증권사 부동산 금융 손실 시나리오 테스트(KIS, 2023)

[3] 2011년 PF발 저축은행 부실 사태로 인해 규제가 강화된 저축은행의 경우 PF대출 실행 시 시행사에 자기자본 20%를 요구하며 건별 대출한도를 100억 원으로 제한

시공사의 신용등급과 신용보강이 가장 중요한 평가 항목을 적용하여 사업성보다는 시공사의 신용에 의존하는 비중이 크다. 이러한 구조를 벗어나려면 다양한 재무적투자자의 참여를 유도하여 초기자본금을 확충하거나 소액 주식투자 등 간접 투자자산을 확보하는 것이 중요하다.

따라서 재원 조달 방식의 다양화가 가능한 것은 부동산 개발업자보다는 리츠가 유리하다. 또한 투자로 인한 사업수익이 누구에게 환원되느냐에 따라서 정부 정책이나 입법 방향이 결정된다면 부동산 개발업은 투자수익이 시행자에게 돌아가지만 리츠는 일정 부분 일반투자자와 주택도시기금 회수와 같은 다수에게 이익이 회수되는 구조로, 관련 입법 방향의 흐름도 이러한 결과를 따를 수밖에 없을 것이다.

2.3 수요자 중심 임대주택공급은 공공시행자의 역할

현행 임대주택의 공급은 대부분 공공 건설 임대주택과 민간 건설 임대주택으로 추진된다. 임대주택 건설사업의 사업시행자는 다음과 같이 구분된다.

- **『공공주택 특별법』 공공주택사업자**

    국가, 지방자치단체, LH, 지방공사, 공공기관, 공공사업시행자(국가, LH, 지방공사, 공공기관), 총지분의 50% 초과 출자한 법인, 부동산 투자회사(공공사업시행자 출자), 공공사업시행자와 주택건설업자의 공동사업 시행

- **『민간임대주택에 관한 특별법』 임대사업자**

    공공주택사업자를 제외한 자로, 임대 사업을 목적으로 일정 절차로 등록한 자

공공사업시행자는 『공공주택 특별법』 일부 개정을 통하여 행복주택(2014년) 도입, 통합 공공임대주택(2020년) 도입 등을 통해 기존의 공급자중심에서 수요자 중심으로 공급계획을 변경하였다.

정부는 주거복지 로드맵 2.0(2020.3.)을 통해 2022년 사업계획승인 물량부터 통합 공공임대주택 등을 1,181호를 공급한다는 목표를 세웠었다.

하지만 정부 주도, 즉 LH 주도로 사업 추진하는 과정에서 2021년 3월 LH 사태 발생하고 물가 폭등과 정부 지원금 축소 등에 따른 LH 부채 증가로 공공사업시행자 주도의 공공임대주택 공급계획은 축소되었다. 더욱이 수요자 맞춤형 설계와 공급이라는 행복주택과 통합 공공임대주택은 공급 물량확보 및 사업비 절감을 위해 대부분 60㎡ 이하 규모로 설계하는 등 애초 목적 달성의 한계를 보였다.

2023년 공공주택 공급 실적이 크게 감소했으며 특히 임대주택 공급 실적이 목표 대비 매우 낮은 수준을 보였다. 국토교통부는 같은 해 1~9월 공공부문 주택건설 인·허가는 작년 동기 대비 43.5% 감소했으며, 주택 착공 물량도 공공부문에서 64.8% 줄어들었다고 밝혔다. 이는 정부의 270만 가구 주택 공급 계획에 차질을 빚고 있음을 시사한다. 또한 1~7월 통합 공공임대주택 사업 승인 물량은 연간 목표의 7.3%에 불과했으며, 공공분양 승인 물량도 계획 물량의 5.2%에 그쳤다. 이는 정부가 공공주택 정책을 분양 중심으로 전환한 영향이 크다고 볼 수 있다.

이러한 공공주택 공급 실적 저조의 원인으로는 고금리와 건설경기 침체, 3기 신도시 입주 시기 지연, LH의 철근 누락 사태 등이 복합적으로 작용했다. 정부는 공공 12만 가구 추가 공급과 부동산 대출 보증 확대 등을 골자로 한 '주택공급 활성화방안'을 발표했지만, 주택업계는 내년 분양계획조차 잡지 못했다. 이에 따라 현재 상황에 맞춘 주택공급 계획 재수과 공공주택 공급 가속화 요구가 높아졌다.

임대주택 건설 실적은 2012년 이후 꾸준히 증가하다가 2019년 이후 감소하였다. 공공임대주택과 민간임대주택을 비교해 보면 2018년 이후부터는 민간임대주택 건설 실적이 공공임대주택 보다 높게 나타났다.

⟨ 임대주택 공급 현황 ⟩

구분	2012	2013	2014	2015	2016	2017	2018	2019	2020	2021
계	199,367	208,959	225,131	313,773	280,548	364,264	514,045	405,377	408,349	301,662
공공임대주택	99,325	101,519	108,482	130,247	119,365	138,023	179,360	140,371	127,496	112,511
민간임대주택	100,042	107,440	116,649	183,526	161,183	434,25	334,685	265,006	280,853	189,151

* e-나라지표(국토교통부, 2022, 사업계획승인 기준)

    1인 가구의 증가와 고령화와 같은 사회적 현상과 전월세 시장의 임대료 상승과 주거 불안정 등 주거환경의 변화로 인해 자가점유율이 감소했다. 주거실태조사에 따르면 자가점유 비중은 는 2006년 55.6%, 2008년 56.4%, 2010년 54.3%, 2012년 53.8%, 2014년 53.6%로 점차 감소했다. 반면 장기간 안정적으로 거주할 수 있는 공공·민간임대주택에 대한 수요는 증가하고 다양화 되었다.

    특히, 생애 주기상 소득에 비해 주거비 부담이 큰 청년·노년층, 신혼부부 등에 대한 맞춤형 임대주택 수요가 증가 하였다. 그 근거는 2014년 발표한 주거실태조사에서 40대 이하의 주택 소유의식이 2012년 79.9%, 2014년 73.3%로 줄어든 것에서 찾을 수 있다. 더 나아가 주거복지 차원의 취약계층 주거비 지원, 저렴한 임대료의 공공임대주택 지속 공급 필요성도 여전하였다. 중산층도 잦은 이사나 임대료 상승 부담 없이 다양한 주거 서비스를 제공받을 수 있는 민간임대주택에 관한 관심이 증대된 것이 사실이다.

그러나 정부 재정만으로는 이 같은 주거지원 수요 충족에 한계가 있어 정부는 서민·중산층을 위한 맞춤형 지원을 지속 강화하되, 민간의 역량을 활용하여 다양한 임대주택 공급을 확대하는 방안을 강구하는 것으로 정책변화를 꾀하였다. 2016년 4월 국토교통부는 보도자료를 통해 맞춤형 주거지원을 통한 주거비 경감방안을 발표했다. 그 주요 내용은 다음과 같다.

- 행복주택·뉴스테이 공급 물량을 2017년까지 총 30만 호로 확대
  - 행복주택 1만 호 확대(14만→15만), 뉴스테이 2만 호 확대(13만→15만)
- 저소득층 및 생애주기별 특화형 임대주택 공급 확대
  - 저소득층 : 전세 임대 공급 1만 호 확대(3.1만→4.1만)
  - 청년층 : 청년 전세 임대(대학생, 취업준비생 거주), 창업지원 주택 도입
  - 신혼부부 : 10년간 임대료 상승 부담이 없는 신혼부부 매입임대 도입
  - 노년층 : 공공실버주택 공급 700호 확대(2017년까지 1,300 → 2,000호)
- 민간 참여를 통해 서민을 위한 임대주택 확충
  - 집주인 매입임대를 도입하여 민간 주택을 저렴한 임대주택으로 활용
  - 공공임대리츠, 근로자 임대 활성화를 통해 민간투자 확대 유도

특히 『민간임대주택에 관한 특별법』에 따른 공공지원민간임대주

택의 건설사업 방식 중 하나인 '임대리츠'를 활성화 지원한다는 내용이 포함된 것이 특징이다.

공공지원 민간임대주택 사업방식은 민간 제안형 공공지원 민간임대 주택사업(주택도시보증공사 리츠 출자, 리츠 설립 운영), 정비사업 연계형 공공지원 민간임대주택 사업(사업시행자 공모), 택지공모형 공공지원 민간임대주택 사업(LH, 지방공사 공모)이 있다.

2023년 이후에도 정부는 공공지원 민간임대주택을 통한 임대주택의 공급량을 확대한다는 정책 기조를 유지하였다. 이러한 내용은 2023년 10월 정책브리핑자료를 통해 확인할 수 있다.

> 올해 공공지원 민간임대주택 공모 물량 1만→2만 호 확대, 주택공급 대책 후속 조치…주택기금융자 한도 확대. 공사비 증액 기준도 현실화
>
> 정부가 공공지원 민간임대주택 공모를 연 1만 호에서 2만 호로 확대한다.
>
> 국토교통부와 주택도시보증공사는 주택공급 활성화방안의 후속 조치로, 13일부터 시작하는 공공지원 민간임대주택 2차 공모 물량을 당초 5,000호에서 1만 5,000호로 확대한다고 12일 밝혔다. 앞서 국토부는 상반기 1차 공모 때 5,000호를 받았다. 공공지원 민간임대주택 민간 제안 사업은 민간이 제안한 사업부지에 주택도시기금과 민간이 함께 출자해 설립한 부동산투자회사(리츠)가 민간임대주택을 건설하는 사업이다.
>
> 국토부는 기존에 계획된 임대주택 건설사업뿐만 아니라 분양주택

> 건설을 임대주택 건설로 전환할 수 있도록 지원하기 위해 공모 규모를 확대한다.
>
> 공공지원 민간임대주택의 원활한 공급을 위해 주택도시기금 융자 한도는 한시적으로 9,000만 원~1억 4,000만 원으로 호당 2,000만 원씩 확대한다.
>
> 공사비 증액 기준도 당초 공사비 연 5% 초과분의 50%에서 연 3% 초과분의 100%(최소 수익률 내)로 현실화하는 등 사업 여건을 개선한다.
>
> 또, 공모~우선협상대상자 선정까지 소요 기간을 3개월에서 2개월로 단축해 올해 말까지 우선협상대상자를 선정할 계획이다.
>
> 국토교통부, 2023.10.12.

하지만 리츠를 통한 민간임대주택 건설사업은 주택도시보증공사의 기금출자를 통한 사업 약정(주택 보증 공사와 민간사업자의 역할 등)을 체결하는 데 주택도시보증공사의 기금출자에 따른 수익률이 높아 민간사업자의 참여가 어려운 문제점이 발생하였다.

2023년 공공지원 민간임대주택 사업이 절반 이상 취소되면서 약 2만 8,000여 가구의 공급에 차질이 생겼다. 이는 공사비 상승에도 불구하고 주택도시보증공사(HUG)가 리츠 매입 가격을 상향 조정하지 않아 발생한 문제다. HUG는 기금수익률 3%를 고집하고 있으며, 이로 인해 사업이 지지부진한 상태. 2015년부터 추진된 36개 사업 중 19개가 취소되었고, 이로 인해 예정된 5만 9,301가구 중 2만 8,530가구의 공급이 백지화되었다.

2023년 10월 기준 입주를 마친 사업은 4곳에 불과했다. 원자재 가격과 인건비 상승으로 공사비가 크게 오르면서, 추진 중인 사업들도 착공이 지연되었다. 특히, 2020년부터 2023년 9월까지 출자 승인된 6개 사업은 공사비 문제로 착공이 늦어졌으며, 이들 사업을 통해 공급될 예정이었던 1만 3,157가구의 임대주택 공급도 늦춰졌다.

공사비가 최근 크게 상승했음에도 HUG가 3%의 기금수익률만을 고집하고 있어 사업이 진행되지 않고 있다고 지적도 나왔다. 민간임대주택 건설 자금 대출이자가 평균 2.5%인 점을 고려할 때, 기금수익률을 3% 이하로 하향 조정하면 사업 정상화가 가능할 것이라는 의견을 제시한 것이다.

『공공주택 특별법』일부 개정을 통한 행복주택과 통합 공공임대주택의 도입 시 공통으로 개정 사유에 대해 '서민의 주거 안정과 수요자 맞춤형 공공임대주택 공급을 목적'으로 한다고 하였다.

하지만 공공사업시행자 주도의 공공임대주택은 도심 내 국·공유재산 부지 등으로 입지 제한, LH 주도로 대규모 공급 물량확보 한계 등으로 수요자 맞춤형 공공임대주택 공급에 많은 문제점이 발생한 것이 사실이다. 이에 따라 정부는 공공지원 민간임대주택 공급 활성화를 통한 물량확보에 나섰지만, 사업을 시행하고 재원을 조달하는 주체는 국토교통부, LH, 지방공사, 주택도시보증공사 등 공공사업시행자이다.

부동산 시장 이슈에 따라 공급자 중심에서 수요자 중심으로 공공임대주택의 공급 방식이 변화되었지만, 정책이 보다 안정적으로 정착되기 위해서는 민간사업자 중심보다는 공공사업시행자 중심 사업 추진 의지가 더욱 필요할 것이다.

3 부동산, 이슈에서 벗어나기

3.1 부동산개발 전반에 관련 입법 모니터

 부동산개발사업에서의 단계는 예비단계, 사업 시행 단계, 개발단계, 분양 단계, 완료 단계 등으로 구분할 수 있다.
 이러한 부동산개발사업 단계에 있어서 리스크관리는 일반적으로 예비단계, 사업 시행 단계에서의 도시계획 등에 따른 예정 도입시설 어려움, 시장 및 시장성 낮음에 따른 재무적 타당성 미확보, 재원 조달 어려움, 인·허가 리스크, 부지 형상에 따른 규모 설계 어려움 등의 리스크를 모니터한다.
 개발단계에서는 일반적으로 물가 상승 등 공사비 상승에 따른 재원 추가 조달, 재무적 타당성 미확보 등 리스크를 모니터한다. 분양 단계, 완료 단계에서는 미분양 리스크, 공실률 관리, 운영에 따른 장기수선충당금 등 관리비 등에 대한 리스크 모니터가 필요하다.

하지만 2021년 12월 『도시개발법』 일부개정에 따라 예비단계 및 사업 시행 단계를 완료하고 인·허가를 추진하던 것이 원천무효가 된 사례가 있었다. 개발단계에서 시공사 선정을 통해 공사를 진행하던 중 2021년 『중대 재해 처벌 등에 관한 법률』이 제정·공포되고 시행(공포 후 1년)되면서 개발사업 자체가 정지되고 원점부터 재검토하는 사례도 있었다.

완료 단계에서는 임대사업자인 경우 2026년 6월 제정된 『전세 사기 피해자 지원 및 주거 안정에 관한 특별법』 내용으로 전세 사기 피해 확인과 대책 마련으로 임대사업자의 영업활동이 제한되었다. 또한 2020년 9월 『공공주택 특별법 시행령』 일부개정을 통해 통합 공공임대주택 공급을 시행하는 공공사업시행자는 기존의 행복주택 대비 낮은 수익구조와 정부지원금으로 사업성이 낮아져 공공임대주택 건설계획을 수정할 수밖에 없었다.

이처럼 부동산개발사업에 있어서 일반적으로 리스크를 관리하는 부분 이외에 부동산 관련 입법사항, 즉 법률의 제·개정과 특별법의 제·개정 사항을 지속해서 모니터 하는 것이 필요하다. 특히, 부동산 이슈가 크면 클수록 입법되는 기간이 상당히 단축되므로 이에 대한 집중적인 모니터가 더욱 필요하다.

부동산개발사업은 부정적 외부효과에 따른 사업추진이 어려워지는 사례가 많다. 더욱이 부동산 이슈에 따른 관련 입법이 현실화할 때 사업이 장기화하거나 원천무효가 되는 일도 있다. 따라서 부동산개발사업에 있어서 관련 입법 리스크에 대한 모니터는 초기 단계는 물론 단계별로 지속해서 유지할 필요가 있다.

3.2 관련 입법을 통한 부동산 흐름 파악

우리나라 부동산 흐름을 종속변수라 할 때 이를 부동산 시장, 부동산정책, 물가, 금리, 주택건설 사업계획승인 건수, 부동산 거래량, 수요와 공급과 같은 다양한 독립변수에 의해 파악해 볼 수 있다.

예를 들어 부동산정책의 변화를 통해 부동산의 흐름을 파악해 본다면 2008년 글로벌 금융위기 이후 2012년까지 4년간 주택시장 관리 대책을 펼쳤다. 부동산 경기침체 해소를 위해 2008년 6월 11일 미분양 해소 대책으로 1가구 1주택자 양도소득세 장기보유 특별공제 확대와 주택담보대출비율을 60%에서 70%로 확대, 미분양 아파트 취득세 2%에서 1%로 인하 등을 마련하였다(부동산정책의 과제와 정책방안, 국토연구원, 2012.12.31.). 2008년 8월 21일에는 주택공급이 크게 줄어들면서 재건축 규제를 완화하고 수도권 신도시를 확대 지정하였고, 부동산 건설경기 활성화를 위한 용적률 상향 등 규제가 완화되었다.

2009년에는 가계 채무 악화 우려로 수도권 전역의 LTV 비율을 기존 60%에서 50% 강화(2009.7.6.)하고, 투기지역에만 적용하던 DTI 규제를 수도권 비투기 지역으로 확대 적용하였다.

2010년에는 주택담보대출 규제로 주택거래가 위축되고, 미분양 주택이 높아 정부는 부동산 거래 활성화 대책(2010.4.23.)을 취·등록세 감면 연장(~2011.4.) 등으로 마련하였다.

이처럼 정부 정책은 부동산경기 하락 때 활성화 대책을 마련하고 부동산경기 활성화 때에는 규제 대책을 마련하게 된다. 그렇다면 부동산 관련 입법을 통해 부동산 흐름을 파악해 볼 수는 없을까?

도시개발사업은 2000년 1월 제정 당시 공공주택 대규모 택지 개발사업은 지양하고 민간 참여형 도시개발사업을 활성화할 목적이 있었으며 여러 차례 동일한 방향으로 개정도 이루어졌다. 그러나 2021년 12월 개정으로 민간 참여자의 사업 참여 방법의 절차 강화와 이익 제한, 민간 참여자 이익의 재투자 등 민간 참여형 도시개발사업의 규제강화로 바뀌었다.

2007년 5월 제정된 『부동산개발업의 관리 및 육성에 관한 법률』은 입법 내용이 부동산개발업의 육성에 중점을 두기보다는 부동산개발업의 관리 강화 쪽으로 개정이 이루어졌다. 2011년 5월 일부 개정된 법률에서는 대부분 관리를 강화하는 것으로 개정되었다.

부동산개발사업 재원 조달 관련 정책 흐름은 2020년 12월『금융산업의 구조개선에 관한 법률』개정, 2012년 7월『상호저축은행법』개정, 2023년 9월『지방재정법 시행령』개정 내용을 토대로 분석할 수 있다. 여기서 전통적인 재원 조달 방식인 부동산 PF대출의 문제점을 지적하고 해소하는 방향으로 입법이 이루어졌다. 2001년『부동산투자회사법』제정, 2007년 7월, 2023년 7월『부동산투자회사법』개정을 통해 리츠 제도에 대한 규제 완화와 활성화방안을 마련하고 있는 것으로 나타났다.

이러한 입법과정을 통해 부동산 개발사업의 재원 조달 방식을 금융기관의 의존에 부동산 경기침체 등 리스크에 취약한 부동산 PF대출 대신 리츠를 통한 다양한 재무적 투자 환경을 활성화하는 방향으로 변하고 있다는 것을 알 수 있다.

부동산 관리 운영에 있어서는 2021년 1월 제정『중대재해 처벌 등에 관한 법률』과 2023년 6월 제정『전세 사기 피해자 지원 및 주거 안정에 관한 특별법』, 2014년 1월 제정『공공주택건설 등에 관한 특별법』및 2020년 9월 제정『공공주택 특별법 시행령』특별법 개정 내용을 살펴보아야 한다. 기존의 공급자 중심의 입법에서 수요자 중심으로 강화되는 흐름을 추정할 수 있다.

3.3 부동산개발법 규제 제·개정 예측, 어떻게 할 수 있을까?

2024년 환경부 주요 정책 추진 계획에 국가 온실가스 감축목표 이행이 있다. 우리나라는 2030년 국가 온실가스 감축목표를 이행하기 위해 제1차 국가 탄소중립·녹색성장 기본계획을 수립하였다. 또한 녹색산업 수주·수출 목표 달성을 목표로 환경부와 기업이 협력하여 녹색산업 수주·수출 20조 원을 달성했다. 2023년에는 탄소중립과 순환경제로 상향된 2030 국가 온실가스 감축 목표(NDC) 달성을 위한 연도별 및 부문별 이행 계획을 발표했고 녹색산업에 1조 3000억 원의 재정지원을 통해 저탄소 신산업과 녹색시장 진출을 지원키로 했다.

이에 따라 2024년 달라지는 환경 분야 주요 제도는 그린바이오산업 활성화와 순환경제 규제샌드박스 도입이 있다. 그린바이오산업 육성에 관한 법률을 제정하여 그린바이오산업을 종합적·체계적으로 육성하며 이를 순환경제 규제샌드박스를 도입하기로 한 것이다.

여기서 부동산개발법에서 환경 보호 기준을 강화하는 법률을 제·개정하는 것을 가상으로 전제할 수 있다. 이는 정부의 환경 보호 관련 공식 발표나 정책 추이를 분석한 것이다. 정부는 환경 보호를 강화하기 위한 정책 방향을 공개하였으므로 부동산개발법 환경 보호 기준 강화 도입에 대한 신호가 될 수 있다. 정부의 공식 발표 외에도 다양한 정책 관련 문서나 보고서를 분석함으로써 미래의 법적 변화를 예측할 수 있다.

이 외에도 업계 동향을 파악하는 것이 중요하다. 부동산 개발업계의 동향과 전문가들의 의견은 중요한 예측 자료가 될 수 있다. 건설업에서 친환경 소재 개발에 대한 논의가 더욱 활발해지고 있다. 단열 성능 향상과 친환경 건축자재, 지속 가능한 건설 재료를 개발에 힘쓰고 있으며, ESG 기업을 선언한 건설사가 늘어나고 있다. 이는 향후 법적 변화의 가능성을 시사하고 수 있다.

부동산개발은 대규모 토지 개발과 건설 작업을 수반하며, 이 과정에서 자연 생태계가 파괴될 수 있다. 숲, 습지, 강 등 자연 환경이 개발로 인해 손상되면서 생물 다양성이 감소하고, 특정 종의 서식지가 파괴될 수 있으므로 환경과 밀접한 경계를 가지고 있다. 건설 과정에서 대량의 물, 에너지, 원자재가 필요하며 건설 과정과 개발 이후의 활동은 대기, 수질, 토양 오염을 유발할 수 있다. 따라서 환경 보호를 위한 부동산개발법 규제안이 도입될 수 있음을 파악하고 있어야 한다.

아울러 산업단지, 공공주택, 도시개발사업 등 대규모 부지 조성사업에서 기존의 전력시스템은 중앙집중형으로 해안가 대규모 발전소에서 전기를 생산하고 송전하여 소비하는 방식이었다. 하지만 원거리 송전망 구축에 따른 송전탑 건설 등에 따른 지역주민 갈등심화, 해당 사업지에서의 재생에너지 발전 관련 '간헐성(비연속성)' 문제가 발생하였다. 이러한 문제점을 해소하고자 개발지역내에서 전력생산이 가능한 2023년 6월 '분산에서지 활성화 특별법'이 제정되었다. 향후 지역에서 생산된 에너지를 동일 지역에서 소비하는 미래형 에너지 시스템으로 환경보호를 위한 신재생에너지사업, 수소발전사업 등을 일정규모 이상의 신규 택지, 도시개발사업자 등에게 분산에너지로 충당하도록 유도할 것으로 예측된다.

부동산개발법은 규제 및 강화에 초점을 맞추고 있으므로 환경 보호 기준 강화를 전제로 예측할 수 있는 규제는 다음과 같다.

- 환경영향평가 강화: 모든 대규모 부동산 개발 프로젝트는 환경영향평가(EIA)를 받아야 하며, 이 평가는 개발 전과 후의 환경 변화를 포함
- 녹지 보존 및 복원 의무화: 개발 지역 내 녹지 지역을 최대한 보존하고, 불가피하게 제거된 경우 해당 면적의 일정 비율 이상을 다른 지역에서 복원해야 한다.
- 지속 가능한 건축 자재 사용: 모든 건축 프로젝트에서는 환경 친화적이고 지속 가능한 자재를 사용해야 한다.
- 에너지 효율성 및 재생 가능 에너지 사용 촉진: 개발된 부동산은 에너지 효율성을 최대화하고, 가능한 한 재생 가능 에너지원을 사용해야 한다.

에필로그

2023년 11월 기준 부동산 관련 가장 큰 이슈는 '김포시의 서울시 편입론'이다. 2024년 22대 4월 총선을 앞두고 여당에서 김포의 서울 편입을 당론으로 추진하겠다고 나섰고, 서울특별시장과 김포시장은 '김포시 서울 편입 공동연구반'까지 구성하기로 합의까지 한 상태다.(중앙일보, 서울·김포, 편입 공동연구반 구성..., 2023.11.6.)

핫이슈에 따라 국회는 '경기도와 서울특별시 간 관할구역 변경에 관한 특별법안(2023.11.16.)'이란 의원법안을 발의하고 경기도 김포시와 서울시의 통합을 통해 서울시를 세계 5대 글로벌 메가시티로 발전시킨다는 제안 사유를 밝혔다.

하지만 이러한 입법 움직임에 따라 ○○도시공사가 민·관 합동 도시개발사업으로 추진하고 있는 '김포○○지구' 사업이 영향을 받아 리스크가 커지고 있다.

김포○○지구 사업은 대장동 사건으로 2021년 12월 도시개발법이 개정되어 6개월 유예기간 내 도시개발구역 지정이 어려워 기존 민간 참여자를 재선정해야 하는 상황을 맞았다. 이후 2022년 7월 재개정된 도시개발법에 따라 구역 지정이 3년 유예되어 기사회생하게 되었다.(2026년 말까지 ○○읍 ○○리 일대 46만 8,523㎡의 개발제한구역 해제를 통해 1, 2지구로 나눠 이곳에 정보와 문화 콘텐츠 기술 등의 복합단지 조성, 인천일보, 2023.7.27., 도시개발법 재개정...○○지구 개발'숨통')

하지만 김포시의 서울시 편입론 이슈로 인해 의원발의 입법이 가시화 된다면 구역 지정권자인 ○○도의 개발제한구역 해제 물량에 대한 확보가 불투명해져 또다시 사업추진 리스크 발생이 예상된다.

이처럼 부동산 이슈가 크면 클수록 관련 입법도 빠르게 처리되어 불확실성이 큰 리스크가 되어 돌아온다. 부동산 이슈가 가져올 나비효과(부정적 외부효과)라 볼 수 있다.

부동산개발을 효율적이고 안정적으로 추진하기 위해서는 부동산 개발 각 단계에서 발생할 수 있는 리스크를 사전에 파악하고 해소하기 위한 노력이 필요하다. 이를 위한 기존의 부동산 개발 사업에서는 어느 정도 정형화 된 리스크 관리 체계가 있다.

하지만 '부동산 이슈에 따른 법률 제·개정' 리스크에 대한 관리 체계를 포함하지 않는다는 것이 문제다. 이는 사업이 중단되거나 처음부터 다시 시작할 수도 있을 만큼 영향력이 큼에도 제대로 관리되지 않고 있었다.

부동산 이슈가 클수록 입법이 빨라지는 대신 입법 결과에 따른 사회경제적 효과와 법안 자체에 대한 체계적인 검토가 부족하다.

부동산개발사업에는 하나의 프로젝트에 연관된 법률이 많다. 예를 들어 공공주택사업의 경우 국토의 계획 및 이용에 관한 법,

건축법, 골재채취법, 농지법, 대기환경보전법, 도시개발법, 사도법, 공유재산 및 물품관리법, 국유재산법, 하수도법, 하천법, 부동산 거래 신고 등에 관한 법률 등 사업추진 시 인가·허가 등의 의제 처리되는 법률이 약 37가지가 넘는다.

이러한 관계 법령이 부동산 이슈에 따라 법률로 제정 또는 개정될 경우, 추진되는 부동산사업에 리스크는 크게 다가온다. 제·개정된 법령을 다시 수정해야 하는데 우리나라의 입법체계에서는 현실적으로 실현되기 어렵기 때문이다.

따라서 부동산 이슈에 따른 법 제·개정 리스크 해소 또는 최소화를 위해서는 충분한 사전검토와 분석, 모니터 등의 노력이 필요할 것이다.

참고문헌

법률
간접투자자산운용업법
공공주택 특별법시행령
공공주택특별법
공항시설법
광명시흥 공공주택지구 해제지역의 관리를 위한 특별관리지역 관리계획
광주 군 공항 이전 및 종전 부지개발 등에 관한 특별법
광주군공항이전 특별법 제정안
국고금관리법
국방부 대체시설기부채납에 따른 양여사업훈령
국토교통부, 고시 제2021-1598호.
국토교통부, 고시 제2021-2034호.
금융산업의 구조개선에 관한 법률
금융지주회사감독규정
대구경북통합신공항 건설을 위한 특별법
대구경북통합신공항 건설특별법 제정안
도시개발법(2021.12.21.개정)(2023.7.18.재개정)
도시개발법시행령
민간임대주택에 관한 특별법
부동산개발업법
부동산개발업의 관리 및 육성에 관한 법률
부동산투자회사법
사회기반시설에대한민간투자법
상호저축은행법
시흥시, 공고 제2020-312호.
은행업감독규정
이해충돌 방지법
전세 사기 피해자 지원 및 주거 안정에 관한 특별법
주택법
중대 재해 처벌 등에 관한 법률
지방재정법 시행령

단행본, 논문, 보고서

건설교통부, 2006, 건설교통통계연보.
건설교통부, 2006.8., 주택업무편람.
건설교통위원회, 2001.3., 부동산투자회사법안 심사보고서.
건설교통위원회, 2007.4., 부동산개발업법 제정안 심사보고서.
국가공간정보지원포털, 2019.
국토교통부 정책브리핑, 2013.12.30., https://www.korea.kr/briefing/
국토교통부, 2021.9.21., 수도권 주택공급 확대 방안 발표 자료.
국토교통부, 2022.3.11., 입법예고 설명 자료, 공고 제2022-265호.
국토교통부, 2022.9.7., 국토교통위원회 소관위 심사자료.
국토교통부, 2023.10.12., 올해 공공지원 민간임대주택 공모물량 1만→2만호 확대, 대한민국정책브리핑.
국토교통부, 2023.2., 전세사기예방 및 피해 지원방안 발표자료.
국토교통부, e-나라지표, 2022, 임대주택공급현황
국토연구원, 2012.12.31., 부동산정책의 과제와 정책 방안.
금융안정위원회, 2019.11., 정상화·정리 계획 도입 현황.
금융위원회, 2019.11., D-SIB(국내 시스템적 중요은행).
대한민국정책브리핑, 2024.1.27., 2024년 환경부 주요정책 추진계획.
법제사법위원회, 2022. 21대 국회 후반기 법제사법위원회 편람
법제사법위원회, 2023.7., 체계 자구 검토보고서
부동산개발업법 정부 제출안 검토보고서, 2007.4.
이기필, 2021.10., '기부대양여사업 현황과 발전 방향', 국토연구원, 국토 2021년 10월호(통권 제480호).
이보미, 2023.6.24., 우리나라 부동산 PF 구조의 문제점과 시사점.
정무위원회, 2012.9., 정부제출안 검토보고서
정무위원회, 2020.12., 금융산업의 구조개선에 관한법률 일부개정법률안 심사보고서
지평법정책연구소 지평공공정책팀, 법정책이슈브리핑, 2023.10.5.
천진우, 2023, 『2023 법학개론 에센스』, 퍼플.
통계청, 사업체기초통계조사보고서
한국감정원, 2015.2., 부동산시장분석 보고서, 통권 1호.
한국감정원, 2015.2., 부동산시장분석보고서, 통권1호
한국경제조사연구원, 2023.9.15., 3기 신도시 참여 현황.
행정자치부, 2015.11., 2014년 지방공기업 결산 및 경영분석.

판례

대법원 2005. 5. 13 선고 2004다8630 판결
대법원 1985.7.9. 선고 85도728 판결
헌법재판소, 2012. 8. 23.자 2011헌바 169 결정

사이트 참조
1. 법제처
2. 국회의안정보시스템
3. 국토교통부
4. 대한민국 법원
5. 통계청(2023)
6. 국방부
7. 경기도
8. 대한민국 정책브리핑
9. 국토교통부 통계누리
10. 대한주택건설협회
11. 한국리츠협회
12. 한국부동산개발협회
13. 국토연구원

부동산, 이슈에서 벗어나기

1판 1쇄 발행 2024년 10월 1일

지 은 이 | 신철
펴 낸 이 | 김진수
펴 낸 곳 | 한국문화사
등   록 | 제1994-9호
주   소 | 서울시 성동구 아차산로49, 404호 (성수동1가, 서울숲코오롱디지털타워3차)
전   화 | 02-464-7708
팩   스 | 02-499-0846
이 메 일 | hkm7708@daum.net
홈페이지 | http://hph.co.kr

ISBN 979-11-6919-247-7 03320

· 이 책의 내용은 저작권법에 따라 보호받고 있습니다.
· 잘못된 책은 구매처에서 바꾸어 드립니다.
· 책값은 뒤표지에 있습니다.

오류를 발견하셨다면 이메일이나 홈페이지를 통해 제보해주세요.
소중한 의견을 모아 더 좋은 책을 만들겠습니다.